心を洗う
断捨離と空海

やましたひでこ
永田良一

はじめに（やましたひでこ）

はじめに感謝の言葉を。

いつも、私やましたひでこを支えてくれる存在に。
いつも、私の断捨離を高め深めてくれる三人の男性諸氏に。

ひとりは、私の過去から現在に、沖ヨガとともに歩んできた先輩指導者・龍村修。
ひとりは、私の現在から未来へ、カタカムナを伝え説く同い歳の師・三枝龍生。
ひとりは、私の未来から現在に、斬新なエナジーをもたらす若き同志・おのころ心平。

そして、今、新たに、もうひとり男性が加わった。
いつの間にかどこからともなく現れて、この本の共著者となってくださった真言密教の実践者、社会事業家・永田良一。

この四者と私は、時空をはるかに超えて意識の世界で強くつながっている。

そして、四者全員が千二百年前の空海と縁深き方々に違いなく。

ああ、そんなふうに思ってしまう、私のこの勝手な夢想を、どうぞご容赦くださいますように。

そして、どうぞ、私と一緒に、空海の密教世界の旅を愉しんでくださいますように。

やましたひでこ

平成29年　後の月が照る夜に

はじめに（永田良一）

やましたひでこさんとの出会いは、ちょうど私が鹿児島県指宿市にがん患者さんの先端治療を専門とする陽子線治療施設を建設していた2010年頃に、サイモントン療法で著名な川畑のぶこさんと一緒に鹿児島市内で講演をしていただいたときのように記憶しています。この陽子線治療とは、「身体に優しい先端がん治療」として知られており、九州初の粒子線治療施設になりますが、同時に、心のケアにも注力していて、サイモントン療法の普及を支援しています。

断捨離という言葉は、やましたひでこさんがヨガ道場に通われていた経験から思いついたと聞いております。すなわち、インドを起源とするヨガから生まれたわけです。一方、空海思想（真言密教）も、そもそもインドで発祥した仏教から派生しており、中国を経由して日本に伝わりました。したがって、いずれもその根っこは、同じインドが起源ということになります。

今回の書籍作成にあたり、断捨離と空海の真言密教との関係性について、やましたひでこさんと話している中で、その親和性が高いことに気づき、たいへんおもしろく対談させていただきました。

空海の生涯を知り、真言密教の入り口に立つことで、断捨離の理解にも深みが増すと思います。ぜひ、読者の皆さんも、一度は空海が今もおられる高野山奥の院に参拝されたらよろしいかと思います。奥の院の参道には、数百年の樹齢を誇る杉の木々が並び、凛とした空気がはりつめています。実在した歴史上の多くの人物の名前が墓石に刻んであるのを見ながら参道を歩くと、日本の歴史を肌で感じることができます。

それでは、これから皆さんと一緒に時空を断捨離タイムマシーンに乗って、空海が実在した１２００年前の過去の日本に行ってみましょう。

平成29年12月

永田良一

目次

（注）

本書でいう「空海」とはもちろん、774（宝亀5）年に生まれたとされる歴史上の人物「空海」を指します。

しかしながら、それだけではなく、もう少し広い捉え方、つまり、歴史上の人物「空海」が開いた真言宗（真言密教）の体系全体、密教の哲学的思想、あるいは場面によってはさらに広く「仏教」の体系そのものまでをも含んだ概念として考えています。

歴史上の人物「空海」が真言宗を開き、その真言宗とは当然のことながら仏教の一宗派に分類されるものですから、空海という人物自身が著書などで直接的に語ったものではなくても、当時すでに仏教の思想に深く根付いていたもの、そしてそれが空海の思想に少なからず影響を与えたことは間違いないと考えられるものについては、本書での考察対象として扱っています。

読者の方々から「これは空海の思想ではなく、お釈迦様の思想ではないか」というご指摘をいただく前に、あらかじめおことわりしておきます。

この点、ご理解いただけますよう、お願いいたします。

第1章　空海と断捨離

文・やましたひでこ

ようこそ断捨離へ
ようこそ空海の宇宙観へ

やましたひでこ

・クローゼットに堆積していた執着心

「美しいものを中心に置く」

見るもの、聞くもの、触れるものが、
自分をつくっていきます。
あなたが心を奪われるもの、
美しいと思うものを生活の中心に置きましょう。
散らかしっぱなしの乱雑な暮らしが、
あなた自身をだらしない人間にするだけ。
今すぐ片づけて掃除をしましょう。

――『性霊集《しょうりょうしゅう》』（松永修岳『心訳・空海の言葉』より）

今、私の目の前にある日めくりカレンダーに、こんな言葉が綴られている。

これは、「現代人を救う空海からのアドバイス」として、空海密教の大行満大阿闍梨《だいぎょうまんだいあじゃり》でもある松永修岳氏が、わかりやすく空海の教えを示してくれたもの。

空海の原著『性霊集』など、とても読み込むことなどできない私が、この言葉に出逢ったときの心浮きたつ気持ちをどうやって表現しようか。

まさに、この内容は、私が日常生活の中で、ずっとずっと追い求めていたこと。そう、断捨離を通して。

断捨離とは、私やましたひでこが、執着を手放していく行法哲学、「断行《だんぎょう》」「捨行《しゃぎょう》」「離行《りぎょう》」を、オリジナルな自己探訪メソッドとして日常の片づけに落とし込んだもの。

私は学生時代、この「断行」「捨行」「離行」に、幸いな運をもって沖ヨガ修道場で出逢っている。

けれど、当時、22歳の未だ人生が定まらない不安定な若い私が、「執着」を云々されても戸惑うばかり。なぜなら、あれもこれもとモノを欲しがる物欲の塊、なんでもかんでも知りたがる好奇心の塊、そんな塊の自分を持て余しながらも、物欲も好奇心も捨てる気はさらさらなかったから。

私は、「断行」「捨行」「離行」を聞かなかったことにした。

知らぬふりを通すことに決めた。

執着を捨てるなんて土台無理な話だ。いったい、執着を捨ててどんな意味がある。執着がないなんて、そんな無味乾燥な世界をこの人生で過ごしたくない。なにより、私は美味しいものをお腹いっぱい食べたいのだ。

断行？　特に断食なんてご免こうむる、そう思って自分を納得させることにした。

けれど、私の過剰な執着心が、私の余計な執着心が、私自身を損なうことも、どこか心の奥底で気がついていたのだろう。表面上の意識では知らぬふりを決め込んだものの、それは、完全に捨てることなく、心という「押入れ」の奥に突っ込むという行為で封じ込めたのです。

さて、この私の幼稚な「封印」が解けるときがやって来る。それは、「断行」「捨行」「離行」を知ってから10年後、沖ヨガ修道場の沖正弘導師が急逝し、その道場葬がとり行われたときのこと。

私は、一緒に師の葬儀に参列をした先輩の沖ヨガ指導員にこう訴えた。

「断行、捨行、離行、だなんて、執着を手放せだなんて、とても無理ですよね」

おそらく、そのときの私は同意を欲しがっていたのだろう。執着を手放せる人なんて、そうそういるはずもない。出家した修行僧ならいざ知らず。だから、私ができないのは当たり前だと。つまり、それだけ、「断行」「捨行」「離行」を封印している自分を後ろめたく思っていたからでもあるのです。

先輩の沖ヨガ指導員は、こう答えた。

「そうだな、家の中の洋服ダンスの中だって、着ない服でいっぱいで、なかなか始末がつけられないからな」

私は驚いた。まるで目が醒めたかのように。

それは、男性である沖ヨガ指導員が、洋服の始末を口にしたこともあいまって、余計に

「そうか！　そういうことだったのか！」と納得がいったのです。

当時は、結婚して、曲りなりにも主婦業、つまり家事に精を出していた頃。その家事の中で、片づけこそが私にとって最大の難物な課題だったのです。

特に衣類の始末は悩みの種、クローゼットにはぎっしりと服が詰まっている。そう、手にあまるほどに。そして、収まりきらない普段着がはみ出すようにして散らかっている状態。けれど、それほど服を持っているにもかかわらず、いつも「着る服がない」と愚痴をこぼし不平を並べている私は、いったい何なのだろう。

私は、先輩の言葉を瞬時にこう理解したのだ。私が持て余し、着なくなった服たち。もうとっくに御用済みになっているにもかかわらず、どうして、始末することなくクローゼットの中に堆積して放置されているのか。

それはまさに、私の心の中の執着心の証として存在していたという事実に他ならない。

つまりは、執着心の可視化。

私の執着心の量も粘着力も、クローゼットのただ漫然と取っておかれていただけの、もう用済みの服たちが、見事なまでに代弁、物語ってくれていた。

それら服たちがいっぱい溜まっている、即ち、私の心の中は執着心でいっぱい。

それら服たちをずっと溜め込んだまま、即ち、私の心の中の執着心はずっと貼り付いたまま。

こんな怖いことはない。目に見えないはずの執着心が、カタチのないはずの執着心が、目に見えるカタチある存在として、クローゼットの中に横たわっている事実。そうだ、もう誤魔化しはきかない、見て見ないふりもこれまで。

そう感じ、考えた私は、すぐさま、クローゼットの無用な服の始末に取り掛かることに。

これが、心の執着心を手放していく行法哲学「断行」「捨行」「離行」が、「断捨離」として、日常の「片づけ術」に落とし込まれた瞬間。もちろん、このときは、そんなことは気づいてもいなかったけれど。

ところが、いざ、クローゼットの服たちに向かい合ってみると、ことはそう簡単には運ばない。粘着性のある執着心は、私にしつこく、こう囁きかけてくるのです。

ああ、その服、買ったときは相当の値段がしたよね。

あれ、この服、またリバイバルで流行《はや》るかもしれないよ。

どこも傷んでないのだから、まだ着られるよ。

それに捨てるなんて、もったいないよ。

取っておいても、別に損なことはないはず。


そんな囁きにくじけそうになりながら、その囁きの正当性に負けそうになりながら、不要となった服たちを始末していく心苦しさ。

こんなに苦しいなら、また衣装ケースに詰め込んで取っておいた方がどんなに楽か知れない。

と、同時に、おかしなことに怒りも湧いてくる。

なぜ必要がなくなったモノたちがこんなにもあるわけ？

どうして、こんな無意味なことをずっとしているわけ？

この怒りは、もちろん、このお粗末な有様をしでかしている自分への怒りであったのです。

けれど、モノを捨てる心苦しさを、モノを捨てる後ろめたさを引き受けながら、そして、怒りの感情にまみれながらも断捨離を進めていると、確実に心が軽くなっていくのは実感した。


一つ無用なモノを捨てると、一つ分だけ、クローゼットにも、心の中にも空間ができる。

一つ余計なモノを捨てると、一つ分だけ、クローゼットも、心の中の負担も、取り除かれていく。

一つ無駄なモノを捨てると、一つ分だけ、クローゼットに、心の中にさわやかさが蘇ってくる。

そんな小さな爽快感を毎日少しずつ味わいながら、そんな小さな空間が毎日少しずつ美しくなっていくのを感じながら、私の中には、おぼろげながらも、断捨離が、自分自身を回復させ、そして、自分自身を進化させていく、日常をフィールドとした自己探訪メソッド足り得ることを信頼していったよう。

・高野山で訪れた転機

クローゼットの断捨離に取り組んだときから10年の歳月が過ぎていたように思う。私は初めて、高野山、空海のお膝元に出かけることになったのだ。

それは、たまたま好奇心が働いただけのことで、特に、空海にも、高野山にも関心があったわけではなく。サイキック系の呼吸法、当時、流行りだしたニューエイジ系のセミナーが、たまたま、高野山の宿坊で開催されることになり、それに参加するため。

恥ずかしいことに、「空海＝弘法大師」「中国から密教を持ち帰った高僧」「真言宗の開祖」という教科書ほどの知識しか、そのときは持ち合わせていなかったことを白状しなくてはならない。

ところで、なぜ、そんな呼吸法のセミナーに心が動いたかというと、その呼吸法は意図的に過呼吸状態に自分を追い込み、変性意識を体験するというものだったから。そうだ、私は、トランス状態を味わうことに密かに憧れていたに違いない。

鬱陶《うっとう》しいばかりにモノを溜め置く義父母との、さして広くもない家での同居生活、まったく、私には向いていない自営業の経理の仕事。理不尽な要求ばかりを傍若無人につきつけてくる夫の会社の得意先たち。そんな、日常で感じる閉塞感、不全感から一時でも逃げ出せる術《すべ》を持ちたかったからに違いない。

大阪から高野山に向かう特急「こうや」に乗車、最初は遠足気分だったけれど、やがて、厚く灰色の雲間から落ちてくる大粒の雨を車窓から眺めているうちに、私は後悔の気持ちでいっぱいになった。

いつも私の好き勝手にこだわらない夫、たいていはご機嫌よく可愛いらしい笑い声を上げている幼い長男、そして、私の大切な仕事であるヨガの指導員、それら愛《いと》しい存在を放り出してまで、和歌山のこんな山奥までわざわざやって来る意味はいったいどこにあるのだろう。

単線で山の中をゆっくりと進む特急「こうや」が、終着駅「極楽橋」に到着した頃には、その後悔はピークに達した。何が「ごくらく?」、こんな山奥でどうやって極楽を味わうっていうの?

高野山山頂へと向かうケーブルカー、小走りにその乗換駅に向かう他の乗客たちを横目に眺めながら、重い足取りで後を歩く私。

ところがだ、山頂に到着したとたん、私の気持ちは一変した。

なんだろう、この空気感、

なんだろう、この空気の透明感、

なんだろう、この空気の静謐《せいひつ》感。

目指す宿坊を結ぶバスの中でも私の持ち前の好奇心が復活。バスの高い後部座席に陣取って、首を回し、目を見開いて小さな門前町の家並み、細い路地の商店を覗き込む。

やがて、到着した宿坊。リゾートホテルや温泉旅館しか経験したことのなかった私が初めて泊まる宿坊。なんの設備もない畳と襖だけの空間がかえって清々しい。そして、提供された精進料理の夕食の美味しかったこと。もちろん、質素ではあったけれど。

ところで、肝心のニューエイジ系、アメリカ仕込みの呼吸法は、指導を兼ねた主催者夫妻に感じた違和感、そのまったく息が合っていない夫婦の様子と、参加メンバーの覚せい剤で味わえるトリップを合法的に体験したいという受講動機を聞くにつけ、もうどうにも興味が失せるばかり。その当時の言葉を借りるならば、「シラけた」気分になり、トリップを求めてやって来た参加者に、私自身のいじましさを垣間見たようでもあり、自分が情けなくなったのだ。

翌早朝、宿坊宿泊者も自由に参加できると言われ、勤行《ごんぎょう》に。真っ暗な小さな本堂に響く銅鑼《どら》や鈴の音。護摩を炊く修行僧の読経《どきょう》の声。私は正座の脚の痺れに難儀しながらも、それらの軽快でもあり、重厚でもある協和音の流れに心を奪われることになる。

なんだろう、こんなに暗くて狭いのに、まったく陰気な感覚がなく、それどころか、どこからか強い光が放射されているような気配すらある。

その理由は、ご本尊が「大日如来」だと知って合点がいった。大日とは日輪《にちりん》。その如来は太陽さえも凌ぐ光をあまねく宇宙に降り注ぎ続ける真理の化身なのだからと。実のところ、そう思い込もうとしただけなのかもしれない。けれど、そう思わなければ、この眩しさを暗闇の瞼の裏で感じたことの説明を自分にできなかったのだ。

勤行の後、開放的な宿坊の縁側に一人腰を下ろしながら、目の前の庭を掃き清める若い修行僧を眺めていると、ふと、こんな感覚が湧き上がってきた。彼は白い砂の表面に熊手のような箒《ほうき》で渦巻きや曲線で端正な文様を丁寧に描いている。

そうだ、断捨離が言葉でなく、もしも「場」だとしたら、もしも「空間」だとしたら、もしも「生活」だとしたら、今まさに私が味わっている、この「高野山」という場、この「宿坊」という空間、この「修行僧」の生活、そのものとなるに違いない。

この湧き上がった感覚が、私を、たちまち家に戻りたい気持ちにさせた。そうか、私の日常の生活空間を、まず、この宿坊のようにしてみよう。過剰な設備を頼みにするでもなく、余計なモノを持ち込んで溜め置くでもない生活空間に。もちろん、修行者となる気など私にはないにしても、断捨離の究極のお手本を目の当たりにしたのであるならば、少しでもその真似をしてみたくなるのは当然で自然の成り行きだったとも言える。

今にして思えば、私の思考が「モノ軸」、つまり、モノに焦点を当てたものから、「空間軸」へ、つまり、空間全体を俯瞰する思考へと入れ替わっていった瞬間がこのときだったのだ。

かくて、私は、こんなに美味しい食べ物だったのか！ と感動を与えてくれた高野山名物「胡麻豆腐」をお土産にしっかりと携えて急ぎ帰途へ。

相変わらず、高野山がどんなにか地場エネルギーの高い聖地であることも知らないまま、空海と真言密教がいったいどんなものであるかも知らないままに。

・過剰を「断つ」「捨てる」「離れる」ことが急務

初めて高野山を訪れた後、私の断捨離は一気に加速した。正確に言えば、余計なモノを「捨てる」スピードが格段に早くなったということ。捨てても、捨てても、余計なモノたちが、後から、後から湧いてくる不思議。ぐずぐずしてはいられない、悠長に取り組んでいたら、いつまでたっても、あの憧れの宿坊のような清々しい空間は手に入らないのだから。

モノと格闘しながら、捨てることに抵抗のある姑の「もったいない」路線をあえて踏み外しながら、同時に、私は周囲の人たち、なかでも、私のヨガ教室の生徒たちに断捨離のレクチャーを少しずつ始めていた。断捨離を断捨離という行法哲学としてではなく、「片づけ」に落とし込んだメソッドとして、周囲の片づけ下手を自認する主婦たちに教えだしたのだ。

その当時は、まさに収納術ブームの絶頂。たくさんのモノをいかに効率よく限られた空間に納めるか、そんな創意工夫のアイデアを繰り出すカリスマ的な収納術の先生がもてはやされていた頃。けれど、そんな魅力的な技をどんなに家庭の主婦が真似をしてみても、モノが収まり片づくのは一時のこと。すぐさま元の残念な散らかりに戻ってしまう。それでも、世の主婦たちは、収納特集のテレビ番組や雑誌に夢中となる。

ごたぶんにもれず、私もこの魅力的な技に取り組んではみた。けれど、すぐに断念。なぜなら、私の頭の中には、こんな疑問しか生まれてこなかったから。

何をそんなに収納するのだろう……?

残念ながら、私たちに提供されていた収納術は、「モノ軸」としか言いようがなかった。身の周りに溢れるモノたちをいかに効率よく収めるかに終始しているだけ。結果、住空間にさらに「収納グッズという余計なモノ」を増やし、空間を狭く圧迫していくだけ。しかも、それら、収納グッズたちに収めていくモノたちの必要性や最適性など、何の考慮もしていない場合がほとんど。

この「モノ」にとらわれた思考の浅さは、どこからやって来るのだろう……？

それは、言うまでもなく「モノへの執着心」の結果であることに気づくのは容易《たやす》いこと。つまり、モノに込めた思いが、モノに貼り付けた思いが、私たちの思考をも停止させていくという事実。すでに、不要となったモノたちであるにもかかわらず、躍起になって収め、溜め置こうとして収納術にハマっていく姿は、執着によるモノの「溜め込み」が、体裁のいい「収納」という状態と言葉に入れ替わっただけのこと。

執着心が収納術というオブラートに包まれて、かえって、その苦さを感じにくいものにしている。けれど、この容易いはずの気づき、今の「モノと自分との関係」を問い、認識していく思考が、溢れるモノや情報に触れることによって、どんどんと鈍くなっているという怖いまでの現実。

だからこそ、私は、自分自身のためにも懸命になって断捨離を発信し、説き出した。

今、私たちに必要なことは、モノをいかに効率よく収めていくかということではなく、過剰なモノたちに目を向け、それら過剰を取り除いていくこと。過剰に注目し、過剰に焦点を合わせ、過剰を「断つ」「捨てる」「離れる」ことが急務なのだと。

そうすれば、私たちの日常を悩ます片づけの問題もずっと軽やかに解消していくであろうし、また、快適な空間が蘇ると。

そんな活動に懸命にエネルギーを注ぎこんでいたあるとき、沖ヨガ修道場の道場長だった龍村修から合宿セミナーのお誘いを受ける。龍村修は、私が大学の四年生で初めて道場に行ったとき、道場の研修生、つまり、沖正弘導師の内弟子として日々研鑽と修行を積んでおられた方。沖導師亡き後、道場長の重責を担い、その後、独立。龍村ヨガ研究所を主宰し、日本のヨガ界の第一人者として高い評価と実績のある存在。私とは、早稲田大学の先輩後輩という縁も重なり、親交が絶えることなく続いていた。

その誘いのあった合宿セミナーの場所は、高野山の「無量光院」の宿坊。そして、セミナーのテーマは「弘法大師の瑜伽《ゆが》の英知に学ぶ」。

これは行かなくてはならない。ぜひ参加しなくてはならない。そう、私は高野山に、高野山の宿坊に、お礼と感謝がしたかった。断捨離を日常の「片づけ」のフィールドに落とし込んではみたものの、ともすると、その言葉の強さに振り回されてしまう。あるいは、観念に終始してしまう。断捨離を言葉や観念から脱却させて、「場」と「空間」と「生活」という、暮らしの基本、生きていく基礎としての日常の「行」、日常の「行場」へと転換させてくれたのは、ここ高野山なのだから。

そして、この高野山でのヨガの合宿セミナーで、私は、それこそ、空海の宇宙観に触れることになるのです。

・初めて知った空海とヨガの関係

それにしても、高野山とは不思議なところだ。急な坂をゆっくりと登るローカルな鉄道、終点からは、さらにケーブルカー、そしてバス。こんな山深いところ……と、心細くなりかけた頃、急に視界が明るくなって扉が開かれる。

険しい山の頂上は平坦な拓けた台地。その台地を取り囲むように内八葉《うちはちよう》、外八葉《そとはちよう》と呼ばれる十六の峰々。そう、高野山そのものが、如来、菩薩の台座のごとく、蓮の花が開いた蓮華座の形。なるほど、この地を真言密教の修行の場としたのは空海の眼力かと頷いてしまうのも当然のこと。

そして、私は、このとき、初めて、空海とヨガの関係を知った。

空海の『即身成仏義《そくしんじょうぶつぎ》』には、「六大無碍《ろくだいむげ》にして常に瑜伽《ゆが》なり……」とある。

六大無碍にして、
常に瑜伽なり
四種曼荼《まんだ》
各々離れず
三密加持すれば

速疾《そくしつ》に顕わる
重重帝網《ていもう》なるを
即身と名づく

（注）
六大……宇宙を構成する要素。「地」「水」「火」「風」「空」「識」。
瑜伽……溶け合う、一体化。（「ヨガ」の語源とされる）
三密……「身密」「口密」「意密」、すなわち、行為、言葉、想念。創造の三原理。

合宿セミナーで無量光院のご住職・土生川正道《はぶかわしょうどう》大僧正の講義を頂戴しながら、私の頭の中には、今まで、ヨガを通して知ることとなった言葉たちと空海の言葉が絡み合うようにして浮かんできたのです。

瑜伽とはヨガに通ずる。ヨガとはサンスクリット語で「結ぶ」。聖なるものと自分を結ぶ行法。

梵我一如《ぼんがいちにょ》。「梵」とは、ブラフマン、私たちを生かしている一切の力、聖なる力。「我」とは、アートマン、我、私たち。つまり、梵我一如とは聖なるものとの一体化。

真言密教、瑜伽、ヨガとは、聖なるものとの融合。そのための思考のあり方、そのための行法、つまりは、三密加持によって、我が身のまま、宇宙の根源仏・大日如来と一体化する。だからこその即身成仏……。


とは言え、私にしてみれば、言葉がつながっただけのこと。それでも、この腑に落ちた思考の爽快感は同時に身体でも味わうことができた。私なりの心身一如の体感と言ってもいいのかもしれない。


さて、ここで、私の二度目の宿坊体験を簡単におさらいしておこうか。

宿坊の朝は早い。6時から本堂で護摩勤行が始まる。金剛経の心地良いリズム、小さな銅鑼も鈴の音も景気よく鳴り響く。読経、なんと若々しく軽快と思い、蝋燭の光の中、目をこらすと、その声の主は若い女性の修行僧だったり、異国の血が流れる青年僧だったりすることも。もちろん、この朝のお勤めに集う旅人も様々、老若男女、国籍人種を問わずというおおらかさがある。最後に大日如来に手を合わせ、頭を垂れて、1時間半ほどの朝の勤行は終了。

食事は、朝晩、精進料理。いわゆる、和のビーガン料理。アサリの佃煮かと思えば、それは大豆製品だったり、まるで若鶏の唐揚げの小麦グルテンのもどき料理だったりと。創意工夫満点の美味しい料理が提供される。

そして、修行僧が心を配った給仕を丁寧に。これも大切な修行の一環なのだろう。布団まで敷いてくれるサービスには私の方が驚いたくらい。

部屋は、バス・トイレ付きはなく共同。仕切りも襖のみ、鍵はなし。その質素簡素がかえって新鮮で、警戒する心や猜疑の心を自分から離すことができる。

さて、宿坊を出て、高野山の一番の霊域、奥の院、空海の霊廟《れいびょう》まで歩いてみようか。参道の入り口「一の橋」から、「中の橋」を渡り、御廟《ごびょう》までに、樹齢数百年の老杉が生い茂る中、およそ20万基とも、いいえ、40万基とも数えられる墓碑、供養塔がある。

織田信長供養塔、豊臣家墓所……
武田信玄、上杉謙信、明智光秀、石田三成、伊達政宗、千姫、春日局……
浅野内匠頭、赤穂四十七士……
親鸞聖人、法然上人……

まさに、1200年間の日本史の教科書を辿っているかのようだ。大戦の犠牲者、特攻隊の若者たちの供養塔もいたるところに。現代の企業墓もある。ここ高野山に墓所を構えることが、まるでステータス。実際、墓所の価格も東京の一等地に匹敵するらしいとの情報もまことしやかに流れる。

弘法大師空海御廟も、もともとの小さな木造のお堂の前にコンクリート製の大きな伽藍が建造されている。そこにはご先祖供養灯篭が大天井から幾つも下がる。もちろん、そのためにはかなりの布施が必要となる。

はるか悟りひらき入定を果たした空海が、これら自分の死後の光景をどのような思いで眺めているかは想像する余地もないけれど、その中で一つだけ、私にはとても奇異に映った光景がある。

それは入定後の空海のための生身供《しょうしんぐ》、つまり、空海への配膳の儀式。日に二回、一汁四菜の弘法大師様への食事の用意が千年以上も続いているという。もちろん、朝の勤行の一つでもあるのだろうけれど、私には、止めどきを失ったのか、それとも、誰も止めようとは言い出せなかったのかしらと、信仰の世界からかけ離れた生身の俗人らしい印象を持ったのは確かなこと。

信仰とは、崇拝とは、畏敬とは、真理に向けられるものなのか、教義に向けられるものなのか、それとも、人物に向けられるものなのか、私の常日頃の素朴な疑問がまたまた頭をもたげてきたのだと言ってもいいだろう。

さて、話を霊域奥の院の特徴的な墓標「五輪塔」に戻そうか。

五輪塔は下から……

方形＝地輪《ちりん》
円形＝水輪《すいりん》
三角形＝火輪《ひりん》
半月形＝風輪《ふうりん》
宝珠形＝空輪《くうりん》
地・水・火・風・空

宇宙の構成要素の揃い踏みの五輪塔。あれ、六大ではなかったのかしらと、思わぬこともなかったのだけれど、これらが合わさって宇宙エネルギーとなる。そうか、死んだら、私は宇宙に帰るのか、私の身体は宇宙の構成要素のひとつになっていくのかと妙に納得。ますます、私のこの世的な葬式無用、墓地不要の思いが強まる。そうだ、徹底的に燃やし尽くして、私の身体は灰となればいい。そこらあたりの木の根元で肥料になればいい。

そういえば、その後、龍村修と研修で訪れることになったブータン。チベットの流れを汲む原始仏教が今もって色濃く残っていると言われるブータンには、遺骸は、それこそ「なきがら」で、脱ぎ捨てられた衣服という捉え方で朽ちるのが自然。私たち日本人が遺体遺骨にこだわるそれとは大きく異なる意識であり、墓所も長い竹竿にくくった経文を記した白い旗々が、青く高い空にはためいているだけの光景。それもやがては土となっていくと。

・原始仏教の宇宙観を知って

四法印（達磨、真理、法）とは次の四つ。

諸行無常
諸法無我
一切皆苦
涅槃寂静

私は、この合宿セミナー「弘法大師の瑜伽の英知に学ぶ」で、龍村修から、改めて、四法印、つまり、原始仏教の宇宙観について丁寧な講義を受けた。

あらゆるものは変化して、変化しないものはない……
単独で存在するものなどない、相互関係で成り立つ……
なるようにしかならない、なるようになっていく……
全ては、調和に向かっている……

以上が、このときの私の四法印の理解。学んだというよりはかじっただけ、いいえ、舐めただけかもしれない。それでも、舐めたら少しばかりの味はわかる。そして、これは、この後、私の断捨離への哲学的な確信を深めるために大いに役立った味。
けれど、咀嚼《そしゃく》して消化吸収して自分のものとするまでには、もう少し待たなくてはならなかった。それは、後に私の師の一人となる、合気道家、整体師、いいえ、本当は第一級のカタカムナ研究者三枝龍生に出逢うまで。そして、その三枝版とも言うべきカタカムナを紐解き、教えていただくまで（三枝龍生との出会いについては後述）。

ところでこのとき、私の意を強くしたことがある。それは、聖俗半々。私は、もともと、聖地や霊峰に身を置く修行の道を選んではいない。私はごくありふれた生活空間での自分をできる限りクリアに保ちたいと願っていた巷間《こうかん》の存在。しかも、クリアでずっとあり続けることなど無理であることも知っていた。だから、淀んだら透明に、また淀んだら透明に、そんな営みを日常で繰り返すことができる人間でありたいと思っていた。

それには、何より、まず、自分の淀みに気づける回路、つまり、思考、感覚、感性の回路の詰まりに気づき、それを取り除けることが肝心。こうやって、霊山高野山に出向くという非日常体験は、私の日常を俯瞰するための機会でもある。

霊山高野山を降りれば、待ち受けているのは私の日常。家には、始末しなければならない洗濯もの、部屋の隅に埃は溜まり、美しく活けたつもりの花もきっとしおれているに違いなく、整えて出てきたはずのモノたちもまた散らばっていることだろう。

生活の場のメンテナンスを油断すれば、手を抜けば、そのまんま、そのとおりの有様が目の前に展開するのは必定。この日常で、清々しい場、「聖」と思しき空間を維持するために、「俗」とも見える地味な家事を繰り返す。


瞑想という三昧。

瞑想、座禅、止観、これらがもたらす三昧とは、いわば、そのものになりきる、なりきっている状態。その三昧は、やはり「聖」の範疇。もし日常、日々の暮らしの家事作業を、全て瞑想行と捉えることができたのならば……。

懸命な作業から夢中へと。夢中から三昧へと。もしも、我が家を夢中で掃除したら、ひたすらそれを続けたら、ある一点を突き抜けて三昧へとスルーするに違いない。

それが、私の聖俗半々。日常の生活空間を整えることによって、日常の生活の中から「聖」を拾い上げていくこと。おそらく、このときが、明け暮れ取り組んできた私の断捨離が、実は空間のヨガ、空間の「動禅」なんだと、改めて意識できたときだった。

※この章の終わりに、沖ヨガの導師である沖正弘とその跡を継いだ瀧村修の文章を参考文献として掲載しておきます。ぜひ、ご一読ください。

・「心身一如」と「ココロとカラダの交差点」

二度目の高野山、それは、2009年、平成21年の夏のこと。

この頃、点が線となり、私は日本各地で断捨離のセミナーをしていた。つまり、自宅のリビングをサロンにして、私が呼びかけ、それに応じてくださった方が集まるという小さな「点」であったセミナーが、いつの間にか口コミで広がり、地方や東京の自主的な主催者が、私を招いてくれるようになっていた。

それは勃興期のSNSのお陰とも言える。参加者が次々と私のセミナーを賞賛、絶賛する記事をアップしてくれていたから。しかも、受講生自身の断捨離への「ハマりっぷり」が溢れるユーモアたっぷりに綴られている記事には、私の方が励まされるほど。

そして、同じように私が嵌《はま》って熱心に読み耽っていたメールマガジンがあった。

おのころ心平『ココロとカラダの交差点』

ココロとカラダはつながっている。頭痛、腰痛、肩こり、生理痛、花粉症にだって意味がある。15年の臨床経験と1万8000件のカウンセリング件数を誇る、カラダ心理学の達人おのころ心平がお送りする驚異の心身回復メソッド。

私は驚いた。自身を「カラダ心理学の達人」と表明していることにも、さすが、その通りの内容だということにも驚いたのではあるけれど、それ以上に、この「ココロとカラダの交差点」というタイトルに「やられた！」という思いの方がまさった。

「心身一如《しんしんいちにょ》」は、沖ヨガを通して叩き込まれ、叩き込んできた概念であり、思考の視点。心と身体が一つであることなど、もともと言うまでもないことであり、心が病めば身体も病み、身体が病めば心も病む。

けれど、私にとってごく当たり前だった視点が、まったく意識されていない場面に遭遇することが度々。実は、「心身一如」という漢字四文字に馴染んでいる人の方が圧倒的に少数だったという実態があったのだろう。だとしたら、「ココロとカラダの交差点」とは、なんとも平易で、しかも、高いメッセージ力があると敬服した次第。

それに、私は、自分の断捨離メソッドを、モノとの関係を問い直すことから始めるコミュニケーション作法、空間を俯瞰することから始める環境の最適化として、それこそ試行錯誤を繰り返しながら創りあげてきた。しかも、「心身一如」どころか、モノとそのモノが展開する住空間は、自身の内、心そのもの、「物心一如」とも理解していた。

つまり、断捨離とは、モノと空間と身体に常に立ち返り、心の謎を解き明かし、心の病に光を当てていくものなのだ。

おのころ心平という人物が、身体をフィールドにして心を解明していく達人ならば、私やましたひでこは住空間をフィールドにして心を溶きほぐし、癒していく達人と自負してもいいと密かに思ったもの。そう、私の受講生さん向けのブログ「断捨離通信」のプロフィールには、こんなふうに記したいと考えたほどだ。

『心とモノと空間はつながっている。モノの散らかり、片づかない部屋にだって意味がある。30年の片づけ試行錯誤経験と受講生多数を誇る、空間心理学の達人やましたひでこがお送りする驚異の心身回復メソッド断捨離！』

ところが、ほどなく、この私の大切な愛読メールマガジンが、なぜか突然閉鎖するという通知が来た。残念というしかない。だから、私は、せっせと自分のブログに転載した。もちろん、出典は明らかにしたけれど、おのころ心平という未知の存在には、まったくの無断で。

その年、２００９年の暮れ、点から線へと歩んで来た断捨離に、いよいよ、面となる機会がもたらされた。これはもう、「宇宙の計らい」としか思えない僥倖《ぎょうこう》の連続で、私の本が出版されることになったのだ。

実際、当時の私は、「断捨離」が本になることを強く夢見ていた。書籍にすることによって、もっともっとたくさんの人に断捨離を知ってもらうことができる。書籍になれば、もっともっと断捨離を伝えることできる。

けれど、なぜ、そんなに強く夢見ていたのだろう。

実は、夢の底には「怒り」が流れていたのだと思う。それは、理解されていない怒り、認められていない怒り、評価されていない怒り。言い換えるならば、私の断捨離にかけている思いと、周囲の理解度とのあまりの乖離への怒りだったと言えるし、私自身の強い承認欲求の裏返しだったとも言える。

モノを持っているようで、実はモノに持ち返されて、「捨てたいのに、捨てられない」とため息をついている状態。余計なモノたちを抱え込んで時間と空間とエネルギーをそれらに奪われているにもかかわらず、ただ、「片づけられない」と嘆いている状態。モノ軸思考で空間を俯瞰することなく、結果、自分をモノ以下に貶めている現状認識の甘さ。

そんな状態に、私たちが陥ったままでいい訳がない！　という怒り。
こんな状態に、私たちが無自覚であっていいはずがない！　という怒り。

この怒りのエナジーが夢の源。
２００９年12月、処女作『新・片づけ術 断捨離』（マガジンハウス）を刊行。およそ、著作出版とは無縁だった私が、たちまち、ベストセラー作家の仲間入りを果たすこととなった。

それは、私にとって驚きの出来事だったか、と言えば、そうではなく、誤解をおそれずに言うならば、ようやく、世間が私の「断捨離」に追いついてくれたというのが正直な思い。ただ、慣れない未知の舞台であったのは事実。

ところが、周囲は、断捨離をブームだと言う。冗談ではない、私にとって断捨離は日常の営み、しかも、40年近く、自分自身の生活哲学として、思考と試行を繰り返しながら創り上げたものであるし、これからも、試行錯誤は続くのです。

一過性のブームとして捉えられることにも、また、ただの「捨てる系の片づけ術」として理解しない浅薄な解釈にも、私の心の中に小さな憤慨をいくつも重ねる結果となった。

それでも、ベストセラー作家という、目に見えて分かりやすい舞台に上がることによって、その舞台には今までとはまったく違う登場人物が次から次へと現れた。まずは、出版社の編集者さんたち。新たな本の執筆依頼が数々持ち込まれて、私はいつのまにか物書き稼業も担うことになった。

その中の一冊は、私がずっと書き続けていたブログ「断捨離通信」の書籍化。これは、嬉しいばかりの企画。なぜなら、私は、このブログが一冊の本として体裁をなすほどに作り込んでいたたし、元々、本になることを目論見ながらのそれであったから。

２０１０年６月、『ようこそ断捨離へ～モノ、コト、ヒト、そして心の片づけ術～』（宝島社）刊行。２００７年３月から２００９年１月までｗｅｂ上に綴ったブログを編集したもの。この本も続いてベストセラーとなり、すぐさま、第二集に取り掛かることになった。

２０１１年６月、『ようこそ断捨離へ～わたしの居場所づくり～』（宝島社）刊行。

この第二集に収録されたブログ記事には、そう、かのおのころ心平なる未だ不明な人物のメールマガジンから無断転載した記事がかなりの数ある。さすがに、書籍化するにあたっては許可を仰ぐのが礼儀というものだろう。出版社を通じて連絡を取ると、即刻、快諾のお返事を頂戴した。そして、ここから、おのころ心平との浅からぬ縁による共同歩調が始まる。

私は、初めて会ったときのことを、ブログにこう記している。

「断捨離ｍｅｅｔｓ おのころ心平　２０１１／09／03」

そして、この日も、新たな出逢い。
けれど、ずっとずっと以前からの、お付き合いがあったかのよう。
おのころ心平さん。

そうだ、まったく、初対面とは思えない、
たちまち、話が弾む。

以前から、好んで読んでいたメルマガ、
「ココロとカラダの交差点」ｂｙおのころ心平。
そこから、多くの引用をさせていただいた本「ようこそ断捨離へ」
を出版したことから、宝島社の編集者さんが縁を繋いで下さった。

「カラダの言い分」に耳を傾け、
「ココロの言い分」までをも読み解く、稀有な存在。
この不思議ともいえる能力、
けれど、それは、たゆまぬ学究と、2万人にも及ぶカウンセリング実績、
そう、不断の努力、研鑽ゆえのもの。
生命に対して、共に涙を流す仕事。
生命に対して、共に笑う仕事。

それが、彼の仕事。
わたしの仕事も、そうありたいと、思わずにいられない。

おのころ心平は、私たちの現代人の多くを悩ます生活習慣病をこう看破している。

「生活習慣病とは、生活「過剰」病。」

現代人は、身体に不快な症状が出ると、病院に行き薬を飲み、あるいは、様々な健康法を試します。しかし、肝心な症状の「意味」を読み解くことはなかなかできないのです。これまで、２万人以上のクライアントさんに接し、様々な疾病・病気とおつきあいしてきました。その経験の中で強く感じたことといえば、現代病のほとんどは「過剰」によるもの、ということです。食べ過ぎ、飲み過ぎ、そして、息の吸い過ぎ。さらに、情報過多による心理的ストレス。僕は２２年間のカウンセリングで、

いかに「出し、捨てる」ことを心がけ、
いかにシンプルに生活しているか。

ということをずっと伝へ続けてきたような気がします。〈おのころ心平〉

おのころ心平が語ることは、そのまま私にとっては断捨離だった。ただ、フィールドが

違うだけのこと。モノの散らかり、片づかない部屋、それらが常態化した有様は、まさに空間の生活習慣病、いえ、生活「過剰」病の典型的な症状なのだ。つまり、生活上の過剰による齟齬《そご》は、身体にも住空間にも同時に表れている。

そして、おのころ心平は、また、こうも言う。それら、生活「過剰」病とは、同時に、生活「無自覚」病であり、コミュニケーション「不足」病でもあると。

私は、その通りだと大きく頷くしかない。夥《おびただ》しい情報の垂れ流し状態の川の波に乗るかのように、モノは私たちの空間に押し寄せてくる。それは、精査吟味されることなく、無自覚な大量のモノの取り込みにつながる。そして、手に余る過剰なモノたちと私たちとの関係は、間違いなくケア不足、つまり、コミュニケーション不足、コミュニケーションエラーという失態を招く。

その失態こそが、散らかりであり、片づかない部屋であり、無用なモノたちにエネルギーを奪われていく住まいの病であり、身体の病であり、心の病に他ならないのだから。

それにしても、おのころ心平と私は、かつて既存勢力に立ち向かった「打毀《うちこわ》し」の民衆として徒党を組んでいたのかと思うほど、既成概念に立ち向かっていくことを選ぶ。もちろん、おのころ心平は、空海が既存仏教勢力とのせめぎ合いを知力でもって凌駕したように、攻撃という暴挙に出ることなく、スマートで地道な努力を重ねて成し遂げていくことができるはず。その証拠に、おのころ心平は分野が異なる多くの人物と親交を深めることをごく自然にやってのける才能の持ち主でもある。

そして、その才能によって、私も多彩な縁、独特で一家言のある方々との縁をどれほど結んでもらったか知れない。

・合気道は「居つく」ことを嫌う

おのころ心平との出逢いから遡《さかのぼ》ること1年。私は、『断捨離』（マガジンハウス）の出版のおかげで、もう一つの大きな出逢いの「運」に恵まれた。縁とは運、運とは縁、まさにそう理解するしかないほどに。つまり、「断捨離」が三枝龍生を私の人生の舞台に登場するようにと、まさに口説き落としたのだ。

処女作『断捨離』の担当編集者・関陽子。彼女が兼ねてから取材対象にと目論んでいた著名な合気道家であり、整体師である三枝龍生。関陽子は何か閃きを得たのだろう、三枝龍生に『断捨離』を進呈本として送った。三枝龍生は、すぐさま、それを読み自身の会員向けウェブサイトにこのような一文を綴った。

私は、「断捨離」は、モノから離れることではなく、初めて、物と向き合うことだと思うのです。全ては、自分が選んだもの。引き受けたものです。断捨離すると、迂闊に引き受けなくなりますね。

モノも人も、愛しい。　龍生

ああ、なんと言っていいのだろう、こんなにも端的に断捨離を表現してくれる人がいることを知った嬉しさ。「断捨離＝捨てる」という短絡的な理解も広がる中で、断捨離の価値を的確に拾い上げる磨き抜かれた卓越したセンスの持ち主がいるとは。それは、驚きにも似た喜びでもあった。

そうか、三枝龍生ならば、その深い洞察を持って、私の「断捨離」の意図することを精確にすくい上げるに違いないという関陽子の閃き。関陽子と私はぜひともお礼を申しあげたくて三枝龍生の元を訪れた。けれど、気難しい人物ともヤクザの親分のような強面の人物ともしれない印象もあり、かなりの緊張の訪問でもあった。なにせ、こちらは若い平編集者と素人にわかベストセラー作家なのだから。

ところが、迎えてくれた三枝龍生は上機嫌で満面の笑み。私たちは、たちまち打ち解け、その夜はそのまま居酒屋に流れ込むような意気投合ぶり。合気道の「合気」とは、気を合わせること、その達人であれば、たちまち上質の気の交流を図ることなど容易なことと得心するしかない。

そんな上機嫌な三枝龍生は、私に簡単な合気道の技をかけるパフォーマンスも披露してくれた。たった指一本でこちらはなす術もなく転がされてしまう驚き。初体験の驚きの技を不思議に思った私は、反対に私の方から技を仕掛けることを願い出た。もちろん、快諾で転がって見せてくれた。そして、三枝はこう言った。長い合気道の指導人生で、初対面で技をかけさせてくれと自分に言ったのは二人。一人目は、在日フランス大使、そして、二人目が私やましたひでこであると。何も知らないとは怖いもの知らずでもある。多くのお弟子さんが強く憚《はばか》ることを臆面もなくやってしまうのだから。

その日、したたかに酔った私たちは、その酔いに紛れて親分子分の契りを交わすことに。さすがに武道の弟子にしていただくのは畏れ多い。だから子分、私が子分1号、関陽子が子分2号。そして、子分2号には、親分も私も知らないうちに、親分の御長男と恋に落ち、結婚という「合気」まで起きてしまったのだ。


さて、三枝龍生の子分として御弟子たちの末席に紛れ込ませてもらい、合気道なるものを覗き見る機会を得た私。私の目から見れば、なるほど、合気道も断捨離の違うカタチのように映った。

合気道は、「居つくこと」を嫌う。居つくことを嫌うからこそ、相手の攻撃を難なくかわすことができる武道。つまり、大抵は、攻撃されたらそこに居つこうとするはず。居つくことに執着して固着するはず。もしも、身体が瞬時にその場に居つくことを手離したのならば、攻撃を加えに来た相手は、自身の攻撃がそのまま自分に向かうという現象が起きる。

つまり、引っ張られたら引っ張られればいい。どかされようとしたらどかされればいい。するど、攻撃者の、相手を引っ張ろうとする力、どかそうとする力は、行き場を失って何倍もの力で跳ね返り、攻撃者自らがそれで崩れていく。

「居つくこと」＝「執着」。

居つくこと、すなわち、執着を潔しとしない合気道は、身体で居つかない鍛錬をくり返すことによって執着心をも居つかなくさせる心の修養でもあるのです。同じように、モノを溜め込むこと、すなわち、執着を潔しとしない断捨離は、モノを居つかせない選択を自分が重ねることによって執着心との折り合いの付け方を身につけていくもの。

身体がここに居つかせなければ、心も居つかない、執着を手離せる。
モノがここに居つかせなければ、心も居つかない、執着を手離せる。

身体という空間に、住まいという空間に、自分の心が宿る。身体からのアプローチ、住まいからのアプローチ、道具は異なっても、自分の執着心に楔《くさび》を打ち込むことには変わりがないのです。

ところで、三枝龍生からは、合気道の手ほどきだけを受けたのではない。また、整体操法によって体調の極度の悪化を未然に防いでもらっただけでもない。思いがけず、カタカムナ文献まで学ぶ機会を得ることになる。

このカタカムナ、はるか縄文を遡る上古代の知られざる文明、いえ、知る人ぞ知る日本の上古代文明。戦後、楢崎皐月《ならさきこうげつ》なる人物が神戸の山中で発見した文献で、80首のウタヒで構成され、その解読中、皐月自身が神と響きあって読んだとされる、「カンナガラ……」で始まるカミヒビキのウタヒ104首も含まれる。

このカタカムナ、三枝龍生は40年以上研究を続けているという。三枝龍生によれば、カタカムナとは、「神道の神学」でもあり、また、現代に通じる「実践哲学」であると。

「カタカムナ　ウタヒ」第一首
カタカムナ　ヒビキ　マノスベシ
アシアトウアン　ウツシマツル
カタカムナ　ウタヒ

そして、三枝龍生は、このウタヒ第一首をもって、私にこう語った。

「カタカムナの最も大切な面は、『間の統《マノスベシ》』が理解できるかどうか。そんな大切なもの『写しとり学ぶ者《ウツシマツル》』はいつの時代も少数者。あなたも、これからカタカムナを学ぶなら、こんな時代の『多数に組みされぬ少数者《アシアトウアン》』であろうが周囲に惑わされることなくしっかりと学びなさい」

つまり、三枝龍生は、こう私に言いたかったのだ。

いつの時代も本質も学ぶ者は少ない。

自分の目で見て判断できる者は決して多くはいない。

マノスベシ　間之統示　まのすべし

マノスベシの「マ」とは「間」。間とは、時間、空間、人間の「間」。

マノスベシの「スベ」とは「統」。統とは、統一、統治、正統の「統」。

つまり、カタカムナとは、マノスベシ、時間と空間と人間をおさめ、まとめ、ひとつとしていく上古代文明の科学であり、知恵であり、哲学であり、思想であるのです。

この三枝龍生のカタカムナ伝によって、私の視界は一気に開けた。私は、ずっとモノの本質とはなんだろうかと考え続けて、この結論にたどり着いていたからだ。


モノとは、時間と空間と人間の集合体。

断捨離とは、モノと自分「人間」との関係性を問うもの。
断捨離とは、「空間」を自分で創造していくこと。

そして、モノと自分の関係性も「時間」の経過によって変わる。かつて、あんなに必要だったモノも時間が経てば、必要でもなくなり好きでもなくなり、それどころか、邪魔となり、片づかない元凶物扱いされることになる。だから、断捨離は、常に変化するその関係性に基づいて、空間の破壊と創造を繰り返していく行為、つまり、時空間と遊び戯れる旅そのものなのです。

モノがある空間も上位の空間から見ればモノとなり、その連続が自分の住空間のモノを起点にして宇宙空間まで続いている。また、どんなモノも下位から見れば空間となり、その連続が自分の住空間のモノ（分子、原子、素粒子空間）まで続いている。そして、その連続は常に時間がもたらす変化と共にある。

このメカニズムを、龍村修は自身のヨガで「部分即全体」、おのころ心平は自身のカラダ心理学で「フラクタル」、三枝龍生は自身のカタカムナで「ヒトツカタ」、やましたひでこは自身の断捨離で空間と時間と人間の「関係性の俯瞰」と表現しているのだ。
つまりは、全て、ひとつ。相似象。

そして、私は、四法印をこのように自分なりの理解を進めた。

諸行無常　変化　時間の変化の認識
諸法無我　関係　空間との関係性の認識
一切皆苦　経験　変化と関係の連続性の認識
涅槃寂静　境涯　三つの認識によって辿りつく人間の人生。

そして、また、こうも思う。
全てはひとつ、相似象であるのだから、「心身一如」「物心一如」など、疑う余地もなく、だからこそ、私は、その人のモノを見て、その人が住み暮らす空間を見て、その人の思考や感覚や感性を過去も未来も含めた上で見出すことができるのだ。しかも、それは私だけではなく、誰もが実践可能なそれぞれの自己探訪の旅としての断捨離を提供しているのだと。

ところで、三枝龍生は、カタカムナ四十八首をこのように私に語った。

「カタカムナ　ウタヒ」第四十八首
アマツカミ　カムナ　マニマニ　ウタサトシ
ヤクサスヘヒト　ココロワク　ミト

「『広大無辺《アマツカミ》の潜象の力《カムナ》』が、その理り〈ことわり〉を、『洋々《マ》な手段《ニ》を用いて繰《マ》り返《ニ》し』、『カタカムナのウタヒで諭し《ウタサトシ》』示すことによって、『末端の人々《ヤクサスヘヒト》』が、希望と夢の『心を湧かし《ココロワク》』生きる意味を感じる『身《ミト》』となる」

それから、驚いたことに三枝龍生はこのように付け加えた。

「大日如来の偉大なる教えを、化身した不動明王が親しげでわかりやすく、時に怖ろしく、法〈達磨、真理〉を間に間に説いてくださることにより、末端で頑張っている人々が、この世を歓び、勇んでいける身となるのである」

これが、カタカムナの三枝龍生一等の真言密教的理解であり、同時に、私にとっても、カタカムナと真言密教とが見事につながった瞬間でもあった。

さらに、断捨離に対しても、もっと驚くべき理解を示した。

マントラ　真言
マンダラ　曼荼羅
タントラ　儀式実修

人は、それぞれに自分自身の真言を持たなくてはならない。断捨離〈ダンシャリ〉とは、やましたひでこの真言〈マントラ〉であり、断捨離によってクリエイトされる住空間は、やましたひでこの刹那的な立体の曼荼羅〈マンダラ〉であり、断捨離の実践こそ、大いなる存在への帰依となる儀式実修〈タントラ〉であると。

・偶然なのか、必然なのか

思えば、学生時代に、たまたま、やってみようと思ったのがヨガ。そして、たまたま、行き当たったのが沖ヨガ。

不思議に思う。もしも、あのとき、違ったトレーニングをやろうと思ったのならば、もしも、あのとき、数多あるヨガの違ったものであったならば、間違いなく、今の私、やましたひでこはなく、間違いなく、今の断捨離はない。

訝《いぶか》しくも思う。なぜ、あのとき、ヨガをやろうと思ったのか。なぜ、あのとき、沖ヨガだったのか。今もってその理由はわからない。

「偶然はない、全ては必然」という言葉を聞いたことがある。

確かに、そうなのかもしれない。けれど、私と沖ヨガとの出逢いは、やはり、偶然だったのだと思う。そこで、龍村修という卓越した沖ヨガの使徒が大学の先輩として学んでいたのも偶然だったのだと思う。

なぜなら、それらを「必然」とみなすことほど、おこがましい思い上がりはないのだから。けれど、偶然の出逢いに、どんな意味を持たせるかは、それからの自分次第のこと。多分私は、おそらく私は、いいえ、確かに私は、沖ヨガに自分の「生活の基礎」という意味づけをしたのだ。そして、それが、今の私の断捨離の礎《いしずえ》ともなり、魁《さきがけ》となったに違いない。

そして、新たな偶然は永田良一。まったく、出逢うことなど、予想も想像すらもし得ない存在。ましてや、こうして、一緒に本を創り上げていくことになろうとは奇跡が起きたと言うしかない。

『東証一部上場企業CEO、医師、医学博士。医療研究財団理事長。密教学修士、高野山大学客員教授。駐日ブータン王国名誉領事。学校法人理事長、等々』

その華々しい枚挙にいとまのない肩書きと、それを可能にしている実績。真摯な学究姿勢とその実践。およそ、根無し草でどこにも所属することなく、右往左往しながら生きて来た私といったいどんな接点があるのだろう。けれど、私は忘れない。そう、よく覚えている。初めて、永田良一の講話を伺ったときのテーマを。

二而不二《ににふに》

このとき、永田良一が説いてくれた空海の「二而不二」は、私にとっては、まさに、「部分即全体」であり、「フラクタル」であり、「ヒトツカタ」であり、また、断捨離の「関係の俯瞰」であった。つまり、二項対立を超えた世界観。

二つでありながら、一つ。

一つでありながら、また、二つ。

この自在な視点こそ、私が追い求め続けていた視点であるのです。

さて、長い、私、断捨離のやましたひでこのパーソナルストーリーにお付き合いいただき恐縮するばかり。けれども、やはり、これらの経験を踏まえなければ、密教のひたむきな実践者、社会事業家・永田良一との出逢いは決して起こり得なかったはず。

そして、さらに思うことはこれ。永田良一は、私を叱りに来たに違いない。きっと、叱咤の役割を担ってくれたに違いない。今や「断捨離」は、私の制御能力をはるかに超えて、言葉が世界中を闊歩している。今、まさに、原点に立ち返り、さらなる磨きをかけていかなくてはならないとても重要な時期。ともすると、怠惰な自分が顔を出してしまう私には、常に、戒める存在が必要なのだ。

それが、果たして、空海の命〈めい、言いつけ〉を受けたものなのか、私は知らない。けれど、そう思いたくなるほどの有り得ない僥倖に偶然にも恵まれたのだと思わずにはいられない。

（参考文献）

「捨の心」沖 正弘

宗教の心とは、捨の心である。捨の心とは求めぬ心である。離れた心である。忘れた心である。気にかけぬ心である。ひっかからない心である。執着せぬ心である。そのまま受け取る心である。

捨の心は強者の心である。捨てたら困りはしないかと計らう弱者に、捨てたら入らないのではないかと憂うる弱者に、捨てきる、まかせきる行為は不可能である。

絶対への信ある者にして始めて、自由に捨て得るのである。生かされて生きているのだ、与えられて生きているのだの悟りが捨の心を生み出す。生かされる自信のある者は、自由に捨て得るのである。与えられ守られると信じて居る者は自由に捨て得るのである。捨て得る者の胸中には、求めへの悶えはない。与えられざることへの焦りはない。奪われることへの憂いもないのである。唯受け取るだけである。まかせきるだけである。与えられた縁に無常の価値を認めている者の心境は、常に平安である。常に法悦である。一切に総感謝である。日々好日である。

不信なるが故に持つことにこだわるのである。与えられることを知らないが故に持つことを焦るのである。持つ心は奪われはしまいかの不安を生みだす。持つ心は与えられないことへの不平を生みだす。持つ心は悪ありとのおそれ心を生みだす。持つ心は他をこばむ心を生みだす。持つ心は他がそれを持つことを許さない。持つ心の持ち主は常に心乱して他と争わなければならないのである。持つ心は更にこれを持ち続けたい心になる。この心は、なくなりはしないかの不安で常時おののいているのである。一物を持つ手に他物を持つことは許されない。何者も持たざる手にのみ、すべてを持つ自由を許されるのである。すべてを受けとる権利を与えられるのである。

捨てた心は何時も空である。空なるが故にすべてがそのまま真実に入ってくるのである。持った心は偏っている。執した心は傾いている。閉ざした心に真実は映じない。偏った心にも真実は映じない。捨の心のみ絶対の自由はあるのだ。条件を捨てている。無条件の心にはすべてが善と映じる。要求を捨てている。無要求の心にはすべてが喜びの対象となるのである。立場を捨てている、無立場の者に対者との争いは生じないのである。捨の心の持ち主は常に平静である。寂の味わいである。一切無畏《いっさいむい》の生活である。

捨の心は、受け取る心である。生かされて生きてゆこうの絶対信である。捨の心に恩を売る心はない、すべてにおかげを感じているのである。すべてに恩を味わっているのである。すべてに愛を読みとっているのである。

打算を捨てた心には、人生すべてがそのまま遊びである。生活が遊である。仕事が遊である。遊なるが故に何時もたのしいのである。遊なるが故に唯物心に行じているのである。捨の心に好嫌はない、成否はない、唯生きるのみ、唯行じるのみ。

成否を捨てた心に苦しみはない。結果を任せた心に不安はない。唯与えられるままに生きる心に焦りはない。常時不動心である、悠々である、自然である。捨の心は神心をそのまま拝受する心である。捨の心なるが故にすべてに合掌している。任せきって唯努力をしている。この捨の心に、すべては生かされるのである。この捨の生活に神〈生命〉の花は開くのである。願を捨て心を支配する者はいない、願わない故に誰も縛らない、心は無礙《むげ》である、捨の心は自由である、捨の心が解脱への門である。捨の心は、何時も豊である、持たざるが故にすべての物が自由に自分の物となってくれるが故に豊なのである。

捨の心は三昧の心である、何事にもひっかからない、何事にもこだわらない、唯仕事に三昧している、唯生活を味わっている。持たざるが故に、すべてのものはそのまま流れてゆく、故に日々生命が生まれでてくるのである、執するときにはすべて死んでしまうのである。捨の心は生きた心である。生かす働きである。

執なき所に、一切は生きるのである。執すると善悪を混同してしまう。執なきときにのみ一切に素直に応じうるのである。捨の心に苦しみはない。与えられるままに受け取ればよいのだ。何物からもつかまえられてはならない。つかむから苦しい、つかまれるから苦しい。逆らうが故に苦しいのである。

捨てるのである。捨てるのである。

捨てきったときのみ真実は入ってくるのである。

『求道実行』〈ヨガ研修会発行〉より

「ヨガとは何か」 龍村 修

◇ヨガ（YOGA）の原義

ヨガの語彙はもとは「結ぶ」の意味で、牛や馬に、鋤や車を「結びつける」という意味です。野原にいる馬や牛は、そのままなら勝手に好きな様に草を食べて動きまわり生きていて、人間の役にはたちません。しかし、土を耕す鋤の道具や車を牛馬に結びつけて、コントロールすると、牛馬の力を使って様々な仕事をすることができるし、そこには野原で牛馬が生きているだけでは、決して出て来なかった価値が、生まれてきます。ヨガという語の意味には、その様に生命の力をコントロールする、という意味があります。これは、様々に広がりますが、神の力、宇宙のエネルギーと自分を結ぶ、身体と心を結ぶ、その力を活かしコントロールする等が基本です。また結ぶと調和がとれますから、「統一」、「調和」や「バランス」の意味、「協力」の意味、また結ばれると一体になるわけですから、「一体化」の意味になります。

カタウパニシャッドという古典には、5頭の馬につないだ馬車を、車主が御者に命じて運転させて、目的地へ行く、という状況を使ってヨガの意味を説明しています。このときは「コントロールする」という意味がヨガとされているのです。権威とされているパタンジャリのヨガスートラの最初にヨガの定義が説かれていますが、ヨガとは心の働きを制御すること、と訳する場合と、止滅《しめつ》することと訳する場合とありますが、私は「制御」をとります。

◇ヨガの発生は、いつ頃か？

古代インドのインダス川流域に発見されたインダス文明（BC2600〜BC1800＝およそ4000年前くらい）の遺跡から出て来る印章や粘土板に刻まれた図像の中に、坐法をとって瞑想をしているらしいものがある関係で、その頃には既に始まっていたと推察されています。ヨガ本来の意味は、現代の多くの人が思っている、ある種の体操をさすのではなく、瞑想を意味します。

したがって、ヨガをするとは、どこかが凝ってきたり傷んできたりしない姿勢、心が安定してくるキチンとした坐法をとって、目を内に向けて、呼吸を整えて、普通に感覚器官を外に向けていると決して感じたり、気づいたりすることのない事柄を、瞑想することなのです。それで宇宙・神からの啓示を受けたり、神と自己との関係に関する智恵を得たり、様々なことが分かって来るのです。実用的な面から推察しますと、神官達が集団の知りたい事柄（例：いつ頃、作物を植えるか？　今年は水害はないか？　好天に恵まれるか？）などについて、瞑想したと思われます。

◇なぜ、体操的なことをするのか？

現代人がいわゆる座禅の坐法の一つである結跏趺坐《けっかふざ》をとろうとすると、多くの人は最初からできないでしょう。仮にできたとしても、痛くて10分間も続けるのは困難でしょう。骨盤が安定して、背筋が伸びて、筋肉がほぐれて、呼吸が楽にできて、脳が安定して来る姿勢を、一定時間維持できる状態の身体にする為には、身体の歪みや縮みをとって、血行が悪くならない状態に、呼吸が楽にできる身体にする必要があります。その必要性が、今で言う様々な体操に見えるヨガのポーズを生み出したのです。釈尊の頃（２５００年前頃）は、ヨガのアサナ（坐法、ポーズ）は、日本語でいう正座、結跏趺坐、半跏趺坐《はんかふざ》、安定坐法、達人坐法など数個の坐法（ポーズ）しかありませんでした。それが、そうした目的で、時代を下るに従って徐々に増えていったものと思われます。13世紀の頃には数百になったともいわれています。また、瞑想が静的な形だけで行うものだけでなく、動的な状態でも達することができ、そこにも大きな価値を見出したのです。ハタヨガの「ハ」「タ」は「陰陽」の意味であり、力・エネルギーコントロールのヨガの意味なのです。

◇様々なヨガの道、ヨガの種類

バガヴァッドギータと呼ばれるインドの古典（ＢＣ３００～５００？）には、カルマヨガ（奉仕道、行為のヨガ）、バクティーヨガ（信愛、祈り、信心の道）、ジュニアナヨガ（知識の道）、ラジャヨガ（王の道）など、伝統的なヨガの道が説かれていますが、それらは富士山の頂上に至る登山道がいろいろあるのと同じで、解脱や悟りに至る道の違いで、技術につけた名前の違いではないのです。この分類の仕方に8世紀以降に盛んになった、ハタヨガやクンダリーニヨガが後から加わって来ます。ところが、こうした伝統的な分類の意味が分からない人が、あたかも同列のようにアシュタンガヨガやハリウッドヨガとか、アイアンガーヨガとかの名前を加えていたりするようになりました。これは、国の名前と都市の名前と動物の名前を一緒に並べて、ヨガと呼んでいるようなものなので、知らない人達は混乱するのです。例えば「アシュタンガ（8つのヨガ」は本来8つの階梯（支則）のヨガの意味で、パタンジャリの説いた8つの段階を指すものなのですが、近年は南インドのパンタビジョイスという個人がまとめた「連続ポーズの技術的ヨガ」を指す様に使われています。アイアンガーヨガや沖ヨガはそのヨガ道の開発者の名前（B.K.S.アイアンガー、沖正弘）をつけているだけです。特に沖ヨガは、ハタヨガやラジャヨガやカルマヨガ、ジュニアナヨガ等の内容を含んで、総合的に説かれているものです。ハリウッドヨガ等はある企業がハリウッド俳優が行っている連続ポーズの技術の意味でつけているだけで、本来のヨガの分類に入れられない内容です。ヨガは本来、ある種の技術につけられた名前ではないのですが（つまり統一や調和の状態を指す言葉）、技術につけられた名前であるかの様に使われてしまっているのです。

◇ヨガの意味は、神と結ぶ

先に、ヨガの基本的な意味、すなわち「神（＝宇宙）と結ぶ」が本来の意味であることを述べました。それが、ヨガスートラが編纂された頃（AD４年頃か）には、一般的な定義として「ヨガとは心の働きの制御である」（岸本英夫訳）となります。原語では「YOGASCHITTA VRITTI NIRODHAH」で、この翻訳の仕方にもニローダ（NIRODHA）を「制御（コントロール）」と訳する人もあり、また「止滅する」と訳する人（佐保田鶴治、中村元）もある、と述べました。このときの「止滅」の意味は、内容的には「完全な制御」や「三昧」とほとんど同義といえます。したがって、原義に照らしても、体操の意味はありません。どんなものでも時代を経るとだんだん変化していくものですが、原点を見つめないと、今のヨガの現象的なものを見ているだけでは、本質を取り違えてしまうのです。ヨガは「釈尊を悟りに導いたのはヨガである」と言われていることや、「シャカやジナは文献に残る歴史上最初初期のヨガ行者」とされていることから想像してほしいのですが、体操をしてそういう境地にはなりえません。

◇準備のためのことをヨガとまちがう

もう一つの誤解を招くことは、ヨガが入門から最終目的までを段階的に解説していて、しかもそれぞれの行法があるので、それらの一部を見たり体験したりして、それをヨガと思ってしまう人がけっこういるということです。一般にヨガと思われているのは、最初の二段階目、三段階目に数えられる「アサナ＝坐法、体位法」と呼ばれる段階です。これはヨガの本来の行法である「瞑想」

の準備にあたるわけですが、それがとても印象的にうつるので、それがヨガだと思われてしまいがちなのです。水泳でいえば、本質は水の中で溺れずに自由に動けること、泳げることです。しかし、人間は最初から泳げるわけではなく、多くの人は、水に入る前に準備体操したり、プールの端につかまって、足をバタバタする練習をしたり、顔をつけて息を吐いたり、止めたり、顔を上げて息を吸ったりする練習を行います。そして水の中で、溺れずに自由に動ける（泳げる）様になるのです。バタ足の練習や呼吸の練習を「これが水泳です」とは言えません。水泳（泳げるため）の一部ではあります。これと同様に、多くの人がヨガと思っているのは、ヨガの一部ではありますが、ヨガではないのです。

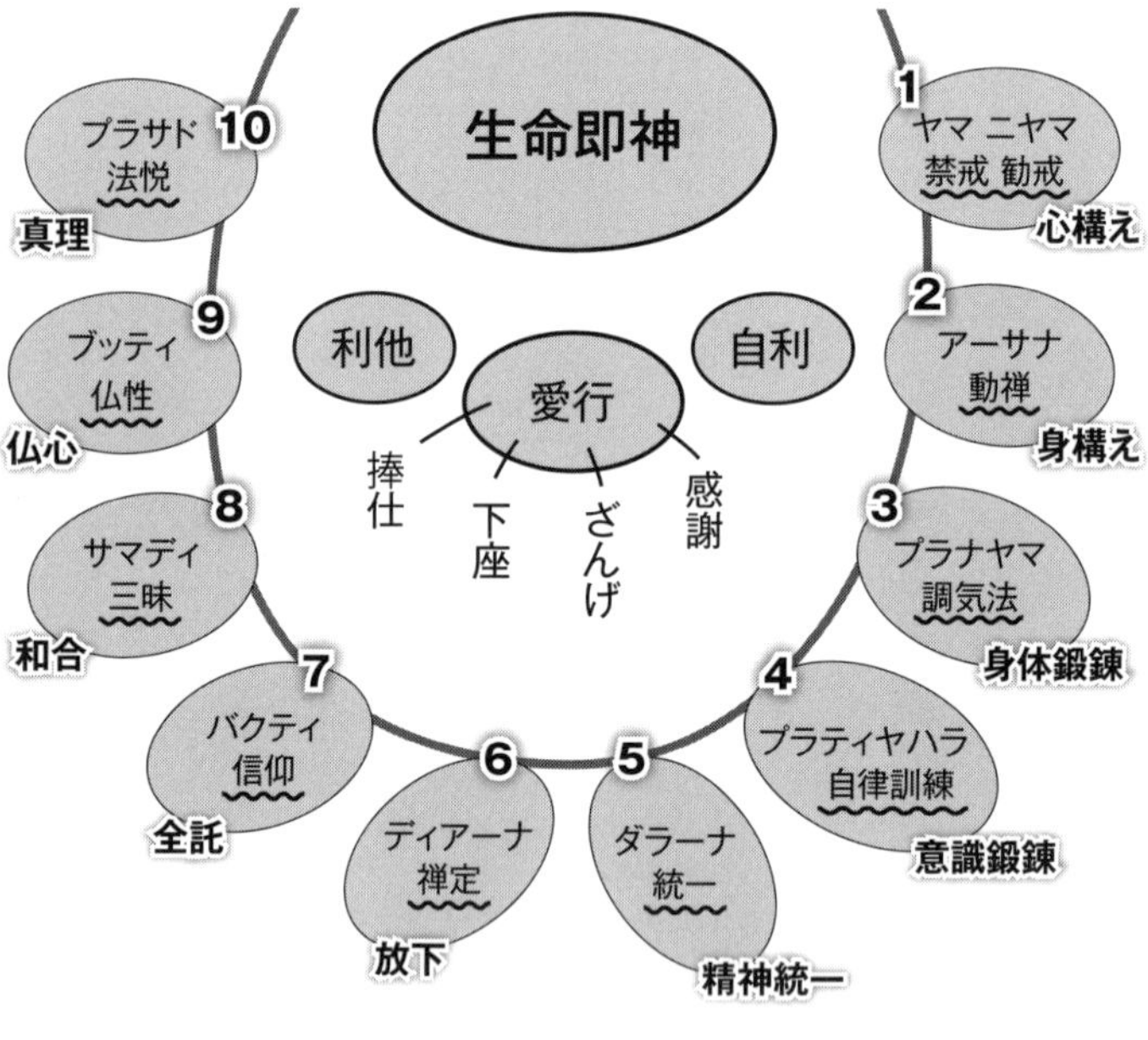
生命即神
利他
自利
愛行
捧仕
下座
ざんげ
感謝
1
ヤマ ニヤマ
禁戒 勧戒
心構え
2
アーサナ
動禅
身構え
3
プラナヤマ
調気法
身体鍛錬
4
プラティヤハラ
自律訓練
意識鍛錬
5
ダラーナ
統一
精神統一
6
ディアーナ
禅定
放下
7
バクティ
信仰
全託
8
サマディ
三昧
和合
9
ブッティ
仏性
仏心
10
プラサド
法悦
真理

「沖道ヨガの十段階」

第2章

空海の生涯

文・永田良一

まずは空海がどのような人で、どのような人生を送ったのかを見ておくことにしましょう。なお、1200年も前の歴史上の人物ですので、その生涯の足跡にはここで紹介したもの以外の説もあることはご承知おきください。

・一族の期待を背負う空海

空海は774年、讃岐国、現在の香川県で生まれました。父親は郡司だった佐伯田公《さえきのたぎみ》で、空海の幼名は「真魚《まお》」と言いました。

空海は書の達人としても有名ですが、字が上手かっただけではなく、文筆家としてたいへん優れた文章を残しています。それは、母方のおじの阿刀大足《あとのおおたり》という人の影響が大きかったようです。阿刀大足は、桓武天皇の皇子の家庭教師を務めるほどの人で、空海は数え年15歳の頃から、その阿刀大足について論語や文章などを学んだと、後の自著に書いています。もともと才能ある人が、優れた師についてしっかりと学びましたから、周囲も驚くほどの学力がめきめきとついていったようです。

792年、18歳のときに、空海は大学寮（大学）に入ります。大学寮とは官僚養成のための学校です。当時は身分制度の厳しい時代で、大学寮に入学するには相応の身分が必要でした。佐伯家は大学寮にすんなりと入学できるほど高い身分ではなかったようですが、阿刀大足の働きかけもあり、空海は入学を許されることになります。

大学寮に入学できれば、大きな問題でも起こさない限り、官僚への道は約束されたも同然です。今で言えば、キャリア官僚としての道が約束されたというイメージかもしれませんが、おそらく当時の官僚は、今とは比較にならないほどの富と栄誉が約束されたものだったでしょう。これは空海個人の問題ではなく、佐伯家、さらには親戚一同、一族郎党の繁栄が空海の双肩にかかっていたことを意味します。

空海は家族だけでなく、一族全体の期待を一身に受ける存在となったのです。

大学寮に入学した空海は、それはそれは必死に勉強したといいます。のちに自著には、「『蛍の光、窓の雪』で勉強した、あるいは『首に縄を掛けたり、錐で自分の太ももを刺して』眠気を覚ましたりしながら勉強したという故事があるが、そういう人すら怠け者に見えるほど自分は努力して勉強した」（三教指帰《さんごうしいき》）と書いています。文字通り、寝る間も惜しんで勉強したのでしょう。

空海がそれほどまでに必死で勉強したのは、もちろん生来の勉学への向上心があったからですが、それとともに世の中の真理、人生の真理をつかみたいと強く思っていたからだったようです。

・大学寮をやめて仏門に入る

ところが、大学寮というところは真理を探究するために純粋に学問をする場というより、官僚育成を目的とする場でした。官僚というのは今も昔も、よきにつけ悪しきにつけ、前例主義を基本としています。こうした前例主義に、新進気鋭の若い空海は我慢できなかったようです。

こんな学問をいくら続けていても、世の中の真理、人生の真理にはたどり着けないと思ったのでしょう。空海はもっと自由な思考、自由な学問を求めて大学寮をやめ、仏門に入る決心をしたのです。

これは当時としては、考えられないことでした。先ほども書きましたが、大学寮に入ったということは官僚になれることが約束されたも同然ですし、官僚になれば一族全体が富と栄誉を得られるわけですから、それを捨てて仏門に入るなどということはまったくあり得ないことでした。

周囲からの（一族への）目も厳しくなります。国を背負う役割を担うべく入った大学寮を（世間の人から見て）正当な理由（病気など）もなくやめてしまうというのは、自分勝手な振る舞い、あるいは国家への反逆行為と受け取られても仕方がないことでした。

空海は、国家に対しては「不忠者」、親や一族に対しては「不孝者」のレッテルを貼られてしまうことになります。このレッテル貼りされてしまった「不忠」「不孝」という汚名に対して、自著ではキャラクターを立てた物語仕立てながら論理的に反駁していく形をとっており、「不忠」「不孝」の汚名を雪《そそ》ぎたいという思いが強かったことが読み取れます。

父親の佐伯田公の怒りも相当なものでした。空海も相当に悩んだようです。

しかし、最終的には自らの考えを貫き、本当の学問を究め、真理の探究への道を突き進むために大学寮を中退し、仏門に入ることになりました。

仏門の道に入った空海ですが、官立の戒壇院《かいだんいん》（正式な僧侶になるための戒律を授けるための施設）ではなく、個人的に師と仰いだ僧侶のもとで得度《とくど》し、受戒を受けました。これは、国としての正式な承認を受けていない私度僧《しどそう》という扱いになります。

自著によると、仏門修行を始めた頃に、ある沙門（もともとは古代インドでバラモン階級以外の出家者を指す言葉で、のちに僧侶一般を指す言葉となった）から「虚空蔵求聞持法《こくうぞうぐもんじほう》」という修法を教わったといいます。

この「虚空蔵求聞持法」の真言（のうぼうあきゃしゃきゃらばやおんありきゃまりぼりそわか）を毎日1万回、百日間、合計百万遍唱えれば、仏教の経典を覚えられるような記憶力が備わると言われて、四国の土州室戸崎（高知県室戸市最御崎）でこれを実践し、神秘体験を得ました。

このことを、空海は「心に観ずるに、明星口に入り」、現代訳としては、「真言を一生懸命に唱えていたら、明るい星が口の中に飛び込んできた」（御遺告《ごゆいごう》）、「明星来影す」（三教指帰）と記しています。

・遣唐使として唐へ

その後、空海は『大日経《だいにちきょう》』という密教経典に出合い、密教こそが仏教の、いや世界の本質を示した究極の教えだという確信を得ます。しかし、当時の日本には密教をきちんと研究し、理解できている人はいませんでした。そこで空海は、中国（唐）に渡って学ぶしかないという思いを強くしていきました。

その思いは、８０４年に実現します。遣唐使の留学僧として、唐に渡ることになったのです。留学期間は20年とされました。

一介の私度僧が公式な遣唐使船に留学僧として乗り込むのはかなり異例のことだったようです。実際、私度僧では遣唐使船には乗れないことが直前になってわかったらしく、船が難波津を出港する一週間前に正式に得度するという慌ただしさでした。

そんな名もなき若き空海が遣唐使船の留学僧になれたのには、相当な人物の口利きがあっただろうと思われますが、詳しいことはわかっていません。

さて、同年5月12日に難波津を出港した遣唐使船は4隻。最終的に唐に辿り着いたのは、4隻のうちの2隻だけでした。

空海は第一船に乗船していましたが、航海の途中で嵐に遭い、当初の航路を大きく逸れてしまいます。8月10日に中国大陸（現在の福建省）に漂着するものの、海賊ではないかとの疑いを掛けられ、長く（50日ほど）船内に留め置かれ、上陸を許してもらえませんでした。

そこで、空海は遣唐大使（第一船に乗船）に代わって、唐の政府に手紙を書いたところ、その手紙の内容と文字が非常に優れていたことから、唐政府役人からきっと格式の高い人に違いないと思われ、上陸が許されたといいます。

さらに、日本から大使が来たということで、丁重にもてなされたとのこと。空海の文章の達人ぶりを物語るエピソードと言えましょう。

ところで、この遣唐使船の第二船には、のちに日本の密教の牽引者として空海とともに並び称される最澄が乗っていました。最澄も、空海と同じ遣唐使として（船は違いましたが）、同時期に唐に渡っていったのです。そして、旅立った4隻の船のうち、空海の乗った第一船と最澄の乗った第二船だけが唐に辿り着いたというのは、非常に興味深いところでもあります。

当時の最澄は、空海とは比べ物にならないほど高い地位（天皇の護持僧）に就いていました。最澄は地位が高いこともあり、空海のような長期滞在の留学生ではなく、還学生という短期留学生でした。実際、入唐から半年ほどで日本への帰途についています。

さて、空海ですが、唐の都・長安（現在の西安）に赴き、留学生として遣唐使としての仕事を手伝い、その後、遣唐使一行が帰国の途につくと本格的に密教の修行に取り掛かります。まずは、密教を学ぶための語学（梵語・サンスクリット語）の勉強に力を入れたようです。その後しばらくして、長安にある青龍寺《しょうりゅうじ》（今も存在しています）に行き、真言密教の第七祖である恵果阿闍梨《けいかあじゃり》を訪ねます。

密教を学ぶために唐に渡った空海としては、この恵果からの教えを乞うことこそが最大の目的だったと言えます。恵果は空海と会うなり、「私はあなたが来ることがわかっていて、ずっと待っていた」と言って、いきなりやってきた空海を受け入れ、高弟として密教の奥義を伝授してくれることを約束しました。

空海の才能を即座に見抜き、大勢の弟子たちがいるにもかかわらず、突然やってきた空海に密教の奥義を授けることにした恵果の眼力には実に感心させられます。

この時期すでに恵果は、自らの命があまり長くはないと悟っていたのかもしれません。それで急いだわけではないでしょうが、ここから空海に対して、一気に密教の奥義を伝えていくことになります。

そして、6カ月後、密教の奥義を伝え切った頃に、恵果の体調が急変します。恵果は空海に「早く日本に帰って密教を広め、日本の人たちを救済し、国を安らかにするように」との遺言を残し、入滅します。恵果の入滅にあたって、空海は弟子を代表して、追悼の碑文を書いています。

・日本に帰国

翌年1月、空海は恵果の遺言に従って、帰国の途につきます。ちょうど日本に帰る船があるということで、一緒に乗せてもらうことにしました。もちろん、唐の中央政府からも許しをもらいました。

ただし、日本側の許しはありません。空海は留学期間20年の留学僧です。日本の朝廷もそれを条件に唐に送っているわけですから、勝手に留学期間を短縮して帰国するというのはルール違反です。しかし、空海にとっては師匠である恵果阿闍梨の遺言を守ることの方が、朝廷のルールを守ることよりもはるかに大事なことでした。

帰路の途中、嵐に遭い、五島列島の福江島に寄港するなどしたのち、806（大同元）年10月、博多津に到着しました。しかしその後、空海は大宰府の観世音寺に滞在するように命ぜられ、入京は平城《へいぜい》天皇が譲位する3年後まで許されませんでした。やはり、20年の予定だった留学期間を2年で切り上げて帰国したことが問題視されたようです。

空海が入京を許されるのは、平城天皇の世から嵯峨天皇の世になった８０９（大同４）年になってからでした。ようやく京都の高雄山寺に住むことを許され、ここを拠点に活動をしていくことになりました。

・空海と最澄

一足先に帰国していた最澄は、自分の僧位は高いながらも、密教に関しては空海を上位と見ていたようです。帰国した空海は、唐から持ち帰った経典や仏像、仏画、法具などの由来や意義を含む目録を作りました。この目録は、御請来目録《ごしょうらいもくろく》と言い、空海が20年間の留学の予定を変更して早期に帰国した弁明書とも言われています。空海は、「これだけの成果がありました、学ぶべきことは全て学んだので帰国しました」という弁解を書いたのです。

これを読んでいち早く評価したのは最澄でした。最澄はこの目録を読み、それは自分が中国で少しかじってきた密教とはまったく違う、空海の学んできた密教こそが本物だと認めるきっかけとなりました。京都の東寺に伝わるこの目録は国宝と指定されています。そして、最澄はしばしば空海から経典を借りて、密教を勉強したようです。

しばらくの間、空海と最澄は円満な関係を続けます。811年、最澄は空海に密教の伝授を依頼、空海は快諾します。翌812年、空海は高雄山寺において灌頂《かんじょう》を開壇《かいだん》し、その入壇者に最澄やその弟子たちがいました。

密教の灌頂の儀式を空海が最澄に施したわけですから、意味としては最澄が空海の弟子になったということになろうかと思います。


ただし、最澄はかなり忙しい身だったからか、自分のおもだった弟子を空海のもとに残し、自身は比叡山に帰ることになります。

最澄の弟子の中に、泰範《たいはん》という人がいました。泰範は最澄の弟子として比叡山で修行をしていましたが、弟子たちの間で身に覚えのない不行跡《ふぎょうせき》（良くない行為）の疑いを掛けられてしまったらしく、山を下りてしまいました。

最澄は泰範が優れた人物であることをよく知っていたので、便りを送り、一緒に空海のところへ行って灌頂の儀式を受けようと誘い、参加することになりました。最澄が比叡山に帰ったあとも、泰範は空海のもとで修行を続けました。

最澄は優れた弟子である泰範に、自分のところに戻ってきてほしいと、再三、催促の手紙を出しています。空海から学んだことをいろいろと教えてほしいと考えたのでしょう。泰範は疑いを掛けられて比叡山を下りたという経緯もあり、戻りたくありませんでした。また、空海の教えを授かるにつれ、空海の真言密教を学ぶことに喜びをおぼえるようになっていました。

しかし、尊敬する師（正確には、もと師）、最澄の頼みを無碍に袖にするわけにもいきません。悩んだ末に泰範は、空海に相談します。

空海は、最澄に手紙を書き、その後、泰範は空海の高弟として真言密教を学んでいくことになります。古来よりこの出来事を「空海が最澄の弟子を奪った」と解釈する人もいましたが、空海に「弟子を奪う」理由などありませんから、正しくは弟子の泰範自身の判断で空海のもとに居続けたのでしょう。

「空海が最澄の弟子を奪った」とセンセーショナルに語りたがる人たちがいる理由もわか

らなくはありません。書物の貸し借りをする（空海が最澄に書物を貸し出す）など、良好な関係を築いていた空海と最澄でしたが、ある時期から、ほぼ絶縁状態となってしまったからです。

これにも、あるきっかけがありました。

813（弘仁4）年11月、最澄は空海に『理趣釈経《りしゅしゃくきょう》』という経典を借りたいという手紙を出しました。『理趣釈経』とは、『理趣経《りしゅきょう》』（真言宗の中心的なお経）という般若経典について、恵果の師にあたる不空《ふくう》という人が書いた（訳した）注釈書です。不空は恵果の師ですから、空海にとっても真言密教の先生の先生にあたり、とても重要な人物です。

この最澄の借経の申し出を、空海はきっぱりと断ってしまいます。その理由については、「実践（三密＝身口意《しんくい》を師匠から直伝される）こそが真言密教の本質なのに、経典だけを読むだけで体得しようとする最澄の態度を、空海は許せなかった」という説が一般的です。

『理趣経』というお経は、他の経典とは少々変わっていて、人間の「性（セックス）」を肯定するような表現がなされています。もちろん、その奥には深い意味があるわけですが、文字面だけを表面的になぞると「セックス礼賛」のようにも読めてしまうのです。なので、師匠から直接学ばなければいけない（直伝）とされています（ここが密教の密教たるゆえんでもあります）。そのため、『理趣経』とその注釈書の『理趣釈経』を文字だけで学ぶこと、そしてその文字が世の中に流通してしまうことを危険だと考えた空海が、最澄の申し出をきっぱりと断ったのでしょう。

空海が最澄の申し出をきっぱりと断った手紙は、『性霊集《しょうりょうしゅう》』という空海の詩文を編集したものに掲載されており、現代の私たちも読むことができます。理路整然と（読みようによっては、かなり理屈っぽく）断りを入れている空海の漢文は、強い決意と迫力を感じさせてくれます。

この事件の直前に最澄が『依憑天台集《えひょうてんだいしゅう》』という書物を書いている点に注目する人も多くいます。『依憑天台集』は、天台の教えがいかにすばらしいかを述べた書物で、他宗派は天台の単なる物真似であるとまで言います。さらに、ここには、真言密教の祖の一人、不空をも批判する文言が書かれていました。これを読んだ空海はさぞ立腹したことだろうと思います。

そうした感情論を抜きにしても、そもそも『理趣釈経』は不空の著作（翻訳）物ですから、「『依憑天台集』で不空を批判しておいて、不空の書物で勉強したいというのは理屈に合わないではないか」と思うのも当然でしょう。あるいは「『理趣釈経』を読まずに、不空を批判したのか」と驚き、「いまさら貸しても意味がない」と考えたとしても不思議ではありません。いずれにしても、それまで親密な関係を築いていた空海と最澄は、この一件以来、袂を分かち、それぞれの道を進んでいくことになりました。

・日本における真言密教の確立と社会活動

その後、空海は、高野山に金剛峯寺《こんごうぶじ》を創建することに尽力します。そのかたわら、執筆活動にも力を入れ、真言密教を哲学の体系として完成させていきました。

一方、821年、讃岐国の郡司等から、満濃池《まんのういけ》（香川県に現存。日本最大の灌漑用ため池）という溜池の堤防修築に関する嘆願書が朝廷に届きました。それには、3年前に決壊した満濃池の堤防修築の目途が立たないため、地元出身の空海に工事の監督者になってもらい、完成させたいという内容が書かれていました。

密教の僧である空海に堤防工事を依頼するのは畑違いと思うかもしれませんが、かつては墾田開発や治水・架橋などの社会事業に尽力した行基など、僧が土木関連の社会事業に関わる例は少なくありません。これは、自身が博識で様々な技術についての知識を持っていることに加え、そうした知識を持つ人々との人脈が豊富であり、さらには労働力としての人集めにも長けているといったことによるものでしょう。

空海も、唐の長安でインドから伝わった土木工事の最新技術を見聞きしていたと思われ、それらの知識を駆使するとともに、労働力になる多くの人を集めて動員し、現在でも日本最大級の農業用溜池である満濃池の堤防修復工事を無事に成し遂げました。

８２３年には、朝廷から京都の東寺（教王護国寺）を賜り、真言密教の道場としました。真言密教を「東密」と呼ぶことがありますが、これは「東寺の密教」という意味です。

８２８年には、東寺の東に「綜芸種智院《しゅげいしゅちいん》」という私立学校を設立します。この頃の教育機関は、空海が通った大学寮や地方にある国学などのように、貴族や郡司の子弟など一部の人にしか入学が認められていませんでしたが、綜芸種智院は庶民にも門戸を開いた、画期的な教育機関でした。

空海自身が大学寮で学んだ際に感じた物足りなさを、この綜芸種智院で改善しようと考えたに違いありません。実際、当時の主流である儒教だけでなく、仏教や道教など様々な思想・学問を総合的に網羅する教育機関でした。

830年には、このあとのコラムでも解説する『十住心論《じゅうじゅうしんろん》』を著し、真言密教と他の宗派との違いについて、人間の生き方・考え方を十段階のステージに分け、詳しく説明しています。これは、天皇の勅命によって書かれたもので、他の宗派も含めてどのようなものであるかをまとめて、献上しました。

・晩年の空海

この頃から空海は、病気がちになったようで、831年、体調不良を理由に大僧都《だいそうず》（僧侶の位）を辞することを希望しますが、天皇に慰留されています。そして体力の続く限り、真言密教の普及と発展に尽力しました。弟子の実慧《じちえ》によると、出家・在家を問わず、多くの人々に密教を教え、灌頂の儀式を行うなどしていたそうです。

また、都の喧騒を離れたかったのか、高野山での生活が中心となりました。これも実慧の記録からですが、この頃から空海は穀物を食べないようにして、座禅を好んで行うようになります。

そして、835年3月21日、62歳（数え年）で入定します。

空海は「弘法大師《こうぼうだいし》」と呼ばれますが、これは空海が御入定（入定とは永遠の瞑想に入ること）ののち、921年に醍醐天皇から贈られた諡号《しごう》（おくりな）です。「大師」というのは立派な僧に対して朝廷から勅賜として贈られる尊称で、歴史上、日本で最初に賜ったのは、866年の「伝教大師《でんぎょうだいし》」最澄と「慈覚大師《じかくだいし》」円仁《えんにん》ですが、現在、「お大師さま」と言えば「弘法大師」空海を指す代名詞となっていると言えます。

お大師さまの真言密教は現在までしっかりと伝えられ、発展し、高野山や東寺をはじめ、各地の「大師」に受け継がれています。

コラム　『十住心論』について

永田良一

空海は830年、『十住心論』という書を著しました。

空海は、人の心はいつも変化していて、その変化をより良いものにするようにと十住心論を説いています。この十住心論では、人間の心を「十住心」という十の発達段階に分けて、それぞれについて述べています。その内容は密教の修行の実践が伴わないと理解するのは難しいですが、ここでは本書を読み進める上でとても重要ですので、私の師匠である恵観大僧正の著書『弘法大師空海「新十住心論」心を磨く心を満たす』（池口恵観・著、ＫＫロングセラーズ刊）を参考にして、その概要（エッセンス）を現代風に解説しておきたいと思います。

まず、十住心は、大きく二つに分けることができます。「一般大衆の住心」と「仏教に根ざした住心」です。一般大衆の住心は、世間の三住心と呼ばれ、最初の第一から第三段階に該当し、仏教以前の日常的な人の生活における心の階梯を示すものです。

仏教に根ざした住心は、大きく小乗仏教と大乗仏教の二つの階梯を持つ住心となります。すなわち、小乗仏教の住心は第四、第五段階に該当し、大乗仏教の住心は第六段階から第十段階の五つの段階となります。それぞれの階梯における住心を簡単に説明します。

◇第一住心：自分の心が闇にいることを知る

人間として生まれたのに、欲におぼれた生活をおくっている人の段階です。自分の好きなことをやりたい放題にやって、思い通りになればそれでよい、気にいらないことがあれば暴力を振るってでも自分の意を通そうとする人です。

一方で、欲しいものがすべて手に入らない苦悩の中にあるために、自分のことだけで精一杯で他人への配慮がなく、欲望の意味もそれを調整する方法もわからない心の段階です。暗闇の世界で善悪の区別がつかず迷っている状況でもあります。

空海は、この階梯をまるで雄羊のように食欲と性欲に執着していて、本能のままに生きている状態と説明しています。

◇第二住心：善き心の兆し、御仏のもとに帰る旅の始まり

社会で生きていく上では、他人に迷惑をかけてはいけないという倫理観、また喜びを分かち合うことの素晴らしさに目覚めた状態です。

善い行いをして気持ちが良くなることを知り、それを繰り返すようになります。優れた音楽家で楽器を奏でることで人々の心を明るくする芸能を持つ人もそうです。

また、空海は、五戒（仁・義・礼・智・信）、十善戒（不殺生、不偸盗、不邪淫、不妄語、不綺語、不悪口、不両舌、不慳貪、不瞋恚、不邪見）を守ることの重要性を教え、愚かな少年の心も、適切な導く者があれば自らを慎み、他に施す心が起き、倫理道徳の道を行おうとする心の状態と説明しています。

十善戒とは身口意（身：体の働き　口：言語活動　意：精神）で分類すると

以下のようになります。

「身業」

不殺生《ふせっしょう》　生き物を殺さない。

不偸盗《ふちゅうとう》　人のものを盗まない。

不邪淫《ふじゃいん》　不道徳な性関係を持たない。

「口業」

不妄語《ふもうご》　嘘をつかない。

不綺語《ふきご》　綺麗ごとを言わない。

不悪口《ふあっく》　人の悪口を言わない。

不両舌《ふりょうぜつ》　二枚舌を使わない。

「意業」

不慳貪《ふけんどん》　欲望を限りなく持たない。

不瞋恚《ふしんに》　意味なく怒らない。

不邪見《ふじゃけん》　間違った見解を持たない

◇**第三住心：祈りの心に目覚める、その初心が天界の道に通じる**

自分の人生経験をもとに、死後の世界や天災、不慮の事故を恐れ、畏怖心を持つことにより宗教心が芽生え、安心を見出していこうとする状態です。

空海は、人間として生きる苦悩を経験し、宗教に目覚める段階であり、幼児が母親の懐にいる間は世間の苦しみを知らず、子牛が母に従って安心なのと同様に宗教に救いを求める段階でもあると説明しています。

この段階の宗教は、道教、バラモン教、インド哲学など、仏教以外の宗教となります。

◇**第四住心：自我の実体は実在しないことを知る**

釈迦が悟りを開いて説法した話を聞いて仏教を学ぶ人を声聞《しょうもん》と言います。経典を読んで暮らしの中で仏教を体験します。これらを重ねていくと目には見えない存在があることを知り、仏教の無常観に気づきますが、これは悟りではないと空海は指摘しています。

瞑想を主体とした修行によって心身の感覚を超えた静かな「虚空」の状態に至るのが声聞の悟りの成果です。悟りとは、不安と恐怖が消えることです。空海は、事物の本質は実際には何も存在せず、人も、万物も仮の存在を保つという仏教的な認識の第一段階と説明しています。

この段階は、自分の悟りだけの段階であり、通過する道ではありますが、小乗となります。

◇第五住心：一切のものごとは因縁によってなることを体得する

何かのきっかけとなる縁があって悟りに至ることを縁覚《えんがく》と言います。一切のものごとは因縁によって現れることを体得して自己の根源的な無知を取り除き、迷いの世界を払って独り悟りの世界を得る心の状態です。

この段階では、解脱するには煩悩から離れることだと思い、独り俗世を離れて修行に打ち込み静かな境地を得ます。自分の迷いの心を断ち切る方法を悟ったものの、その悟りを自分だけのものとして、他人に説こう（大乗）とはしない状態で、まだ小乗仏教の段階です。

大乗仏教の「大乗」とは「大きな乗り物」、すなわち、一人乗りの自分だけの小さな船で悟りの境地へと渡る「小乗」仏教ではなく、大きな船にみんなで乗って、みんなで悟りの境地へと渡っていこうという意味になります。

空海の真言密教はもちろん「すべての人が救われる（＝大きな船に乗ってみんなで悟りの境地へと渡っていく）」ことを説く仏教です。

「救われる」側に立って考えるか、「救う」側に立って考えるかは大きな違いがあります。

この視点は、空海や真言密教、そして仏教全体を見ていく上でとても重要なものとなります。

◇第六住心：すべての生命に愛の心を起こすことで大いなる慈悲が生じる

登山の途中でザイルが切れかけて、一人が宙づりになったとき、もう一人を助けるために自らのザイルを切って墜落したという話を聞きます。自らの生命を仲間のために犠牲にしたのです。一方、船が沈没しそうになり救命ボートに乗り移るとき、自分だけが助かりたいと他人の乗船を拒否した人がいたという話も聞きます。前者と後者はまったく逆の心です。

他人を救う心、利己の戒め、利他の教えが第六住心です。すなわち、慈悲の心が生じて、自分だけでなく、あらゆる人をも救済しようとする高いレベルの心を持つ段階で、大乗仏教の最初の段階です。

慈悲の心とは、共に安心の境地に生き、共に楽しみを分かち合う心を意味します。

◇第七住心：この世のあらゆるものは幻であると知る

生命全体から見ると、この世の出来事やものはすべて仮の姿であるから、これらに執着して争い、傷つけ合うのは愚かなことです。生命が本来住むのは、大日如来（大宇宙・大生命体）であり、目に見えているものにとらわれてはいけないと空海は教えています。

また、苦という形で現れている現象も仮の姿であくまでも自分の心の持ちようで変わると述べます。苦の本当の姿は、自分が苦と感じている心なのだと。苦をなくすためには、自分の中で苦を感じさせる波動を楽に変えることが必要です。自分の苦しみを他人への愛に変えること、すなわち慈悲の心を持つことで覚《さとり》を得ることができます。

覚は、苦の数だけあるのです。心とは何ものかによって生じたのではないと知り、心の原点に立ち返って空という自由の境地に入ることを目指します。

◇第八住心：生きとし生けるもの、すべての心と身体は本来清らかである

私たちは、それぞれが小さな宇宙であり、大きな宇宙である大日如来と響き合っています。この小宇宙を無限大に広げていくと大宇宙（大日如来）になります。すなわち、私たちの生命は宇宙の闇に輝く星のようなものです。そして闇があるから光が輝いて見えるのです。

泥沼に咲く純白の蓮の花を思い出してください。泥とは、貪《むさぼ》り、瞋《いか》り、痴《おろか》さです。蓮はこの泥に根を張りながら、迷いや汚れの水に浮かび、あくまでも白く、清らかな姿をしています。蓮の花が咲くには、泥には泥の役割があり、汚れている水にもその役割があります。そもそも泥が汚いと思う心が間違っていると空海は教えています。すべてをありのままに受け容れるのです。

菩提（さとり）とは、ありのままに自分の心を知ることであり、また、あらゆる現象がすべて真実だと悟る状態です。万物はすべて真実そのものであり、本来、清浄なものであると悟るのがこの住心となります。

◇第九住心：迷いの心の波が静まらないから、自分の心を悟ることができない

九住心まで来ると、あと一つで完全な覚りの心に到達しますが、この直前の教えが実は本当に難しいのです。あと一歩、このときに油断をしてはならないのです。頂上が見えたと思っている「最後の油断」を戒める教えとなります。言い換えると、気持ちの切り替えが大事であり、心にゆとりを持つことの大切さを説いています。

他人の喜びをわが喜びとすることで自分の喜びが増します。同時に、自分が限界と思っていたところが拡大して、結果として成功するのです。対立したり、敵対視したりするのは、心が狭いからです。他人の考えや感情を受け容れるだけの大きな心の器を持つことです。

本当の心とは、異なったものを受け容れる無限の大きさがあると空海は教えています。

◇第十住心：宝の庫に扉が開いたとき、思いもよらないわが心の大きさを知る

断捨離は、激しい変化の起こる現代に出てきた言葉です。これに感情が伴いますと、実践はなかなか難しくなります。どれもこれもまだ使える状態で処分することに抵抗を感じるのが人情だからです。そうして、すべてをとっておくと家の中はモノだらけになります。

すべては仏のメッセージですから、ここでモノを大切にする心を見つめなおすとよいと思います。モノを大切にするには、自分の心を大切にしているかどうか、ここからスタートするとよいでしょう。

生きることとは、働くことです。思いを動かし、心を動かし、身体を動かします。動かし過ぎれば暴走し、足りなければ滞ります。その調和を知ることが生きていくことです。

煩悩とは、生命力の変形でもあります。これを悪玉として消し去ろうとすると、そのこだわりがかえって煩悩のもとになってしまいます。欲が芽生えたら、それをありのままに受け容れて、よくよく見極める心を鍛えます。欲が自分の心の器を超えて大きくなりそうだとすると、心の器を大きくします。そうすれば欲は自分の心に納まってかえって生きる原動力となります。

空海は、どのような状態にも存在する人間の心のあり様は、自分の心の根源を明らかにし、心のあり様を変えていくことで、闇から抜け出すことができると教えています。これが真言密教の究極の境地となります。

これら十住心は、第五住心と第六住心の間で小乗仏教と大乗仏教に分かれ、ここにはとても大きな隔たり（境い目）があると考えられます。第一住心から第五住心までは「自分自身が救われる」ための段階であるのに対して、第六住心からは「他者（すべての人）を救う」ための段階と言えるからです。

第六住心から上の段階は、一般人が経典だけ読んで理解できるものではなく、事実、私もまだ到達できていない段階であり、師匠の恵観大僧正のお言葉を借りて説明しました。私たち衆生としては、まずは、第六住心を目標として目指して努力していけばよいと思います。

恵観大僧正は、常々は、「苦難にあっては、これを智慧の試練と受けとめなさい。そして、りっぱに成功したら天からの恵みと考えて、人と分かち合いなさい」と指導しておられます。また、私の故郷の大先輩でもある京セラ名誉会長の稲盛和夫氏は、「人間はこの世に生を受けたときは宝石の原石のようなものであり、後天的に磨き上げることで初めて、光り輝く宝石のような、素晴らしい人格者になることができる。これまで出会った偉大な人物で試練に遭ったことがない人はいません。すなわち、苦難こそが、自分を磨いてくれるチャンスなのだ」と語っています。

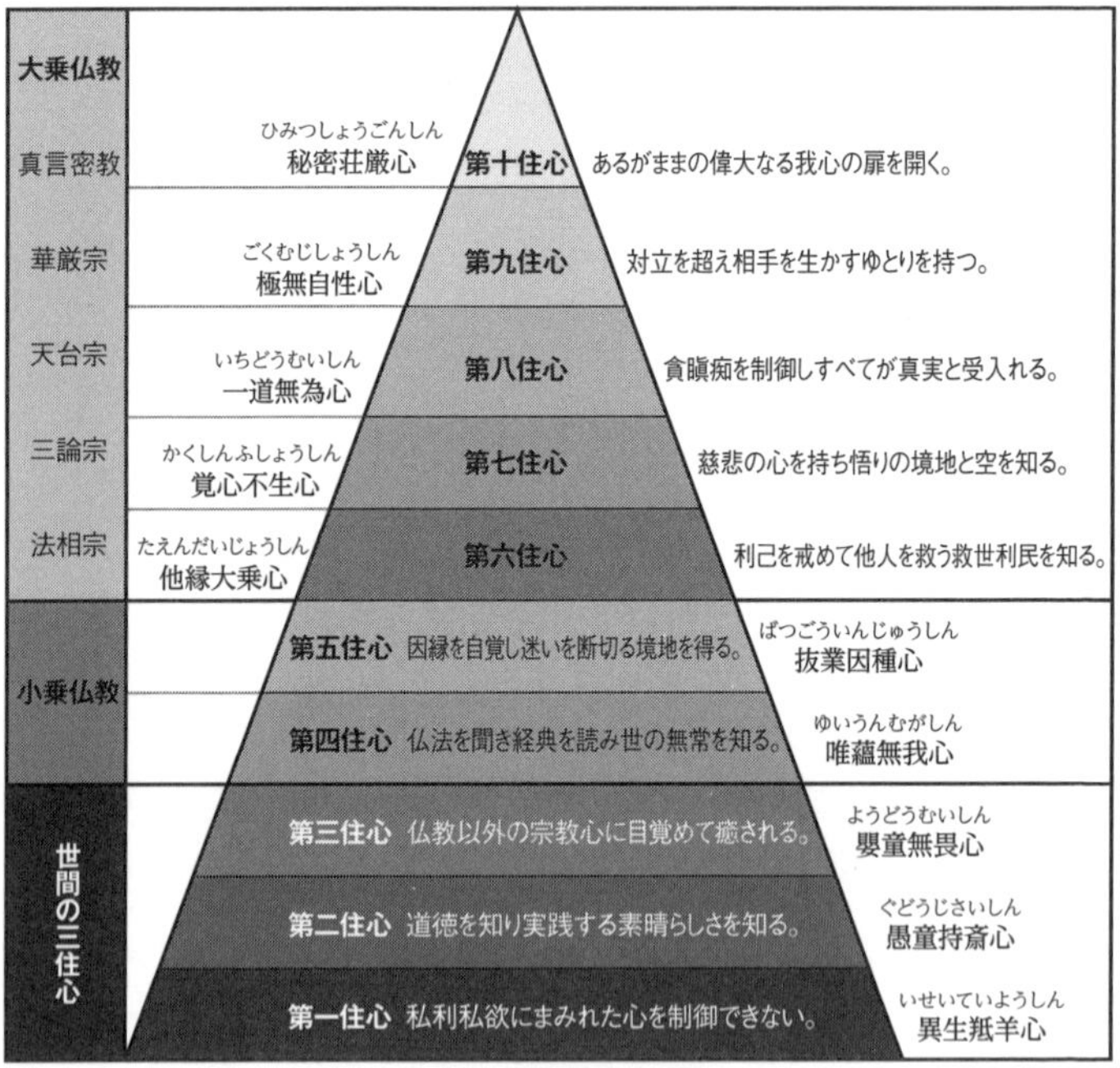
大乗仏教
真言密教
秘密荘厳心《ひみつしょうごんしん》
第十住心
あるがままの偉大なる我心の扉を開く。
華厳宗
極無自性心《ごくむじしょうしん》
第九住心
対立を超え相手を生かすゆとりを持つ。
天台宗
一道無為心《いちどうむいしん》
第八住心
貪瞋痴を制御しすべてが真実と受入れる。
三論宗
覚心不生心《かくしんふしょうしん》
第七住心
慈悲の心を持ち悟りの境地と空を知る。
法相宗
他縁大乗心《たえんだいじょうしん》
第六住心
利己を戒めて他人を救う救世利民を知る。
小乗仏教
第五住心 因縁を自覚し迷いを断切る境地を得る。
抜業因種心《ばつごういんじゅうしん》
第四住心 仏法を聞き経典を読み世の無常を知る。
唯蘊無我心《ゆいうんむがしん》
世間の三住心
第三住心 仏教以外の宗教心に目覚めて癒される。
嬰童無畏心《ようどうむいしん》
第二住心 道徳を知り実践する素晴らしさを知る。
愚童持斎心《ぐどうじさいしん》
第一住心 私利私欲にまみれた心を制御できない。
異生羝羊心《いせいていようしん》

秘密曼荼羅十住心論

第3章

断捨離の真髄と空海的生き方の極意

文・やましたひでこ（断捨離）／永田良一（空海）

〜断捨離からの提言〜

「なぜモノを捨てられないのでしょうか」

モノで溢れた環境は心を映し出す鏡

皆さんは「断捨離」という言葉から、どのようなイメージを連想されるでしょうか。

「捨てることでしょ」

「モノを減らして片づけを楽にすること」

そんなイメージが強いかもしれませんね。はい、それはまったく間違いではありません。

ただし、間違いではありませんが、正解とも言えません。


断捨離は捨てることにして捨てることにあらず。

断捨離は片づけにして片づけにあらず。

もう少し正確に言えば、「捨てるだけ」「片づけるだけ」が断捨離ではないということです。

実は断捨離とはモノとの関係性を問い直す作業。モノとの関係性を問い直す際には、自分自身の内面、心の部分をよくよく見つめ直すことが必要になります。

なぜモノが捨てられないのか。その原因の多くは、モノにあるのではなく、あなた自身の内面、心の中にあります。モノで溢れている環境は、実はあなたの心を映し出している鏡でもあるわけです。

断捨離では「環境が調えば心が調う、心が調えば環境が調う」という言葉があります。「なぜ？」と問われると論理的な答えは出てこないのですが、これまでの経験則として、モノで溢れた部屋に住んでいた人は、例外なく心の中にその原因が潜んでいましたし、断捨離にしっかりと取り組み、モノを捨てる覚悟をもって部屋をきれいにしていくことで、それまで心の中にあったしこり、わだかまりといったものがきれいに取れていきました。そして、心のわだかまりが取れて、心が調った状態が続くと、その後は以前のようなモノの溜め込みをしなくなっていくのです。

環境と心はまさに表裏一体なのだといつも感じさせられる日々。それが断捨離だと言えるのかもしれません。

「心が汚れていれば、環境も濁る」

~空海的生き方からの提言~

心と環境は一つである

空海の著書『性霊集』には、こんな記述があります。「夫《そ》れ、境《きょう》は心に随《したが》って変ず。心、垢《けが》るれば境濁る。心は境を逐《お》って移る。境、閑《しずか》なるときは心朗らかなり。心境冥会《しんきょうみょうえ》して、道徳玄《はるか》に存す」

現代語に訳せば、「環境は心にしたがって変わるものだ。心が汚れていれば、環境も濁る。逆に、心は環境に引きずられる（濁った環境にいれば心も濁る）。環境が閑かであれば、心は朗らかになる。心と環境は混然と融合して一つであるから、世の中の真理とその働きはその奥深くに存在する」といった内容でしょうか。

これはまさに、断捨離の境地と相通じるものがあるのではないでしょうか。

断捨離とは、環境を調えることによって心も調えていこうとする営みであると解釈しています。部屋の散らかりとか、家がモノで溢れているというのは、その人の心の状態が投影されていると考えられます。そして、部屋を片づけることによって、あるいは片づいた部屋に身を置くことによって、心も調っていきます。

心の中の環境を整える

もう一つ、心の中の環境を整えることも大事です。

私たちは、日々、多くのことを判断して行動を決定しています。毎日、可能な限り数多くのことを判断して、テキパキと仕事をこなしていくのがスキルの高い人材のように考えられがちですが、実は選択肢が多くなると選ぶのが難しくなり、選ぶこと自体にエネルギーを費やしてしまい、〝決断の疲弊〟という状態を生むために、適切な判断ができなくなります。そこで、〝判断する〟という行為自体を少なくすることが必要となります。

例えば、衣服を持ち過ぎると、朝の忙しい時間にどれを着たらよいかと迷います。エネルギーが満ちている朝の一番大事なときに服を着ることにエネルギーを費やしてしまうのです。

世界で成功している人たちが毎日同じ服を着ているのは、決断の回数を減らしてメンタルエネルギーの消費をコントロールしていると言えます。

何を着るか、何を食べるか、などは小さなことであり、そんなことは考えないで、自分で決める回数を極力減らし、重要なことを適切に判断できるように決断の回数を断捨離することも大事だと思います。

心の中と身の回りの環境は表裏一体であるという空海の考え方と、環境が調っていれば、心の中も片づくという断捨離の考え方とは、その底流に同じものが流れていると言っても過言ではないと思います。

〜断捨離からの提言〜
「断捨離は、何でもかんでも捨てることでありません」

「断捨離」と「ミニマリズム」の違い

いろいろな方から聞く「断捨離」についての大きな誤解の一つに「断捨離とは何でもかんでも捨ててしまうことでしょう」というものがあります。「断捨離」という言葉が独り歩きを始め、「断捨離」＝「捨てること」という（間違いではないけれど、正確ではない）理解が広まっていったことで、こうした誤解も一緒に広まってしまったようですね。

もちろん、「断捨離」は「捨てる」という行為を実践することによって、住空間を快適にし、同時に心も快適に、ごきげんにしていこうというもの。ですから、最初の段階では「断捨離」＝「捨てること」という理解でいいのです。

ですが、「とにかく何でもかんでも捨ててしまって、必要最小限のモノだけで暮らすのが断捨離だ」というのは大きな誤解。これは「断捨離」ではなく、「ミニマリズム」であり、こういう考え方を実践する人たちが「ミニマリスト」です。断捨離の思想はミニマリストたちの考え方とはまるっきり似ても似つかないもの。ここで、断捨離とミニマリストたちとの考え方の違いについて、はっきりさせておきましょう。

先ほども述べたとおりミニマリストは「とにかく何でもかんでも捨てて」しまいます。モノを「必要最小限」にするどころか、部屋の中には「必要なモノすらない」状態にしてしまいます。「モノが何もない状態」をよしとするのがミニマリストたちの考え方です。

断捨離はモノが何もない状態をよしとはしません。ごきげんな住空間を創造するために、自分が選び抜いた「お気に入りの」モノだけ周囲に置いて暮らすことを目指します。

かたや「何でもかんでも捨てる」、かたや「お気に入りのモノだけを選び抜く」というように、そもそもモノに対するアプローチの仕方、モノへの考え方が根本から違うのです。

断捨離は、「お部屋がモノで溢れかえってしまい、片づけられない」と悩む人たちに、「本当にお気に入りのモノだけを選べば、あとは『お気に入りではない』モノが残るので、そちらは捨ててしまってもいいのではないですか」と提案します。

お気に入りだけを厳選するという作業は、意外に簡単ではありません。それなりの覚悟がいる作業なのですが、最初はうまくできなかった人でも少しずつでも続けていくと、徐々にできるようになっていきます。お気に入りだけを厳選して、そうでないものは手放し、その結果として、お気に入りだけに囲まれて暮らす。

断捨離をするというのは、まさに最高のお気に入りだけに囲まれた暮らしを作っていくことに他なりません。

モノで溢れかえってしまうのはなぜ？

現代はモノで溢れています。大量生産、大量消費の現代社会で、モノを買わずに生きていける人はほとんどいませんよね。普通に暮らしているだけで、モノの方からどんどんと押し寄せてきます。

ですから、「家の中がモノで溢れている」のは、ある意味、普通であり、仕方のないこと。でも、だからといってそのままでいいというわけではありません。「片づけられない」「散らかりに堪えられない」のであれば、押し寄せるモノたちに対して、何らかの対策を立てねばなりません。

断捨離はお気に入りだけを厳選して他を手放すという手法以外にも、いろいろな戦法で、押し寄せるモノたちに対抗していきます。例えば「総量規制をかける」という戦法があります。モノがやってきたら、その分だけ手放し、手元に残るモノの総量を一定に保つというものです。人間ですから、モノを欲しいと思う気持ちはどうしたってなくなりません。問題は「多すぎる」ということだけですから、総量規制をかけて、全体量が常に一定ラインを超えないようにすればいいのです。

意外に思う方もいらっしゃるかもしれませんが、かく言う私、やましたひでこは実は服を買うのが大好き。お気に入りのお店からセールの案内が来れば、思わず行ってしまいますし、旅行先で見つけた素敵な服を衝動買いしてしまうことも少なくありません。

ただし、必ず守るのが総量規制。お気に入りを一着買ったら、その分、一着手放すというルールです（実際には一気に数着手放すケースもありますが）。それまでお気に入りだった服ですから、手放すのにはそれなりの覚悟がいりますが、手放すときにはすでに十分にその服を楽しんだあとですし、新しいお気に入りの服のためですので、しっかりと覚悟を決めて手放すようにしています。

ミニマリストたちは物欲自体を否定しているようですが、断捨離はそうではありません。物欲を否定することはしません。欲は上手にコントロールして、快適に暮らしましょうという考え方です。

厳選されたお気に入りだけに囲まれた快適生活

モノを厳選して、本当のお気に入りだけに囲まれた生活と、モノに溢れて、お気に入りとそうでないものが混在する生活とでは何がどう違うのでしょうか。お気に入りだけに囲まれた生活の方が快適だというのはすぐにわかると思いますが、さらにイメージしやすいように、私はよく手元にあるモノの集まりを「スポーツチーム」にたとえて話します。

ほとんどのスポーツチームには、試合に出られるレギュラー選手と途中出場のために控えている補欠選手がいます。あるいは、大所帯のチームであれば1軍と2軍に分かれていたり、さらに大きなチームになれば3軍、4軍、5軍なんていうものが存在するケースもあると聞きます。

厳選されたお気に入りだけに囲まれた生活は、言ってみれば1軍のさらにレギュラー選手だけで構成されたチームです。それに対して、お気に入りとそうでないものとが混在する生活は、ベンチの中に1軍のレギュラー選手だけでなく、2軍、3軍、さらには5軍の補欠選手まで混在していて、しかも監督であるあなたは誰が1軍で誰が5軍かをきちんと把握できていない状態だと言えるでしょう。

この状態で、本気の勝負に出ようと思ったときに、はたして的確な戦力を投入することができるでしょうか。勝負を決めるチャンスが訪れた場面で、とっておきのバッターをピンチヒッターに送りたいと思ったとき、監督が誰が1軍で誰が5軍かわからないようでは、正しい采配は振るえません。勝負所で1軍のエースを出すつもりが、5軍の補欠を出してしまったなんてことにもなりかねません。それでは勝てるはずがありません。

対して、常に1軍しかいないチーム編成をしておけば、誰を出しても1軍ですから、戦力も極端には落ちません。勝負所で、常にいい勝負をすることができるわけです。

断捨離は、物欲を否定するのではなく、上手にコントロールし、そして何でもかんでも捨てるのではなく、お気に入りを厳選していく作業。自分とモノとの関係性を問い直して、「今」「ここ」「自分」を判断軸に置いて、「要」「適」「快」を判断していく作業。

そんなふうに捉えると、断捨離という行動がとても楽しくできるようになるのではないかと思っています。

〜空海的生き方からの提言〜

「欲や煩悩は捨てなくてもいい」

断捨離と求不得苦

現代はモノで溢れています。しかしながら、人間は歴史上、非常に長い間、モノが足りない飢餓状態の中で暮らしてきました。そして、私たちは、いかに生産性を高めるか、食糧や生活必需品を多くの人にたくさん行き渡るようにするにはどうすればいいかを考え続けながら生きてきました。

そう考えると、モノで溢れているという状態は豊かな生活が実現した状態であり、人類が長年夢見てきた理想が実現した状態と言えるのかもしれません。

ところが、モノを手に入れた私たちは、満ち足りるどころか、もっともっとモノが欲しいと思うようになり、欲望は際限なく高まり、必要かどうかわからないものまで手に入れようとし、身の回りにはほとんど使わないようなモノで溢れ、それでもなお、さらなる欲求に突き動かされてモノを手に入れようとしています。
また、世界には貧困に苦しみ、餓死している子供たちがいる国々があるという事実に真剣に取り組む人は多くいないようです。

仏教には「四苦八苦」という言葉があります。現代でも慣用句的に使われることもある言葉ですが、意味は人間には元来「生老病死」という4つの苦しみと、それに加えて「愛《あい》別離苦《べつりく》」「怨憎会苦《おんぞうえく》」「求不得苦《ぐふとっく》」「五蘊盛苦《ごうんじょうく》」の4つの苦しみを加えた8つの苦しみがあり、これらからは人間が生きている限り逃れることはできないとしています（「苦」とは「逃れられない苦しみ」を意味します）。

「生老病死」の意味はわかると思いますが、他の4つの苦は少し説明が必要かもしれません。簡単に解説しておきましょう。

「愛別離苦」とは愛する人と別れる苦しみ、「怨憎会苦」とは怨み憎む人と出会う苦しみ、「求不得苦」とは求めるものが得られない苦しみ、「五蘊盛苦」とは心身に執着してしまい、思い通りにならない苦しみのことです。五蘊とは色・受・想・行・識の5つで、現代語に訳すと物質、感覚、心象、欲求、意識を指すとされます。

このうち、私が断捨離と大いに関係があると思うのが「求不得苦」です。「求不得苦」とはいま述べたように「求めるものが得られない苦しみ」のことですが、実は単に得られないことへの苦しみだけでなく、そのモノを得た後でもさらに得たい、もっともっと得たいという欲求に苦しむことを指します。

モノで溢れかえっている、大量消費社会の現代、特に日本のような先進国においては、必要なものが得られない状況以上に、必要なものはすでにあるにもかかわらず、もっともっとモノが欲しいという「求不得苦」に苦しめられている人が多いように見えます。

この「求不得苦」の苦しみに一条の光を差し込んだのが、やましたひでこさんの断捨離です。断捨離はモノを厳選し、同時に自分に向き合い、自分を基準にしてさらにモノを選び抜いていく業です。この業を通じて、モノへの執着を捨てていくことができます。「求不得苦」はモノに執着することから来る苦しみだと言えますから、断捨離はまさに「求不得苦」から解放されていく業を行っていると言えるでしょう。

空海は「済世利民《さいせいりみん》」という考え方をモットーとしていました。

「世を救い、民を利する」ということですが、断捨離もモノで溢れかえる現代社会を救い、人々に、モノではなく心の豊かさを与えてくれるものだと思います。

「欲」を捨てる必要はない

やましたひでこさんは「ミニマリスト」と「断捨離」との違いについて述べられておられましたが、お釈迦様も空海も、「欲を捨てなさい」とか「煩悩を断ちなさい」などとは言ってはいません。

そもそも人間は、欲や煩悩を完全に捨て去ることはできません。もし、人間が、食欲や睡眠欲など、そもそも生きていく上で必要な生理的な活動を完全に捨て去ってしまったら、どうなるのでしょうか。生きていくことはできないでしょう。欲や煩悩は捨て去るのではなく、自分で制御できる程度に減らして、きちんとコントロールしましょうと言っているだけです。

断捨離もモノへの欲求をすべて捨て去ろうとは言いません。厳選して、制御できる量に抑えて、しっかりとコントロールしていきましょうと言っています。

やましたひでこさんのお話を伺う限り、失礼ながら「ミニマリスト」の方々は欲求や煩悩を完全に捨て去ろうという方向に努力されているように感じられます。しかし、現実にはそれは不可能であり、人間の本質を否定しているために、かえって「求不得苦」の苦しみが増してしまうことにもなりかねません。

「大欲」を持つ

先ほど紹介した『理趣経』の中には、「大欲得清浄《たいよくとくせいせい》　大安楽富饒《たいあんらくふうじょう》」という記述があります。「清らかで浄化された大きな欲を持つことは、豊かに富む大いなる安楽の境地へと導く」という意味です。

この大きな欲（大欲）を本当に理解できるようになるには、それなりの時間と体験（修業）が必要ですが、ここでは、頭で少しだけ理解できる程度にお話しします。

まず、密教では、欲を否定しません。人間は、自分に執着する「我執」が本来の姿でもあります。子供の運動会や発表会に行ったら、自分の子供のことを真っ先に応援するでしょう。それが自然だと思いますし、人間の本質です。ですから、自分や家族のことを大切に思うことを否定しないのです。

しかしながら、自分だけのことにとどまらず、友人のことも、お隣さんのことも、自分が働いている会社や自分の住んでいる街のことも、そして、自分の国のことも、さらには、世界人類のことも大切にしていこう、という考え方を「大欲を持つ」と言います。このような願望は、より大きな欲、たくさんの欲を持たないと達成できません。

すなわち、自分を中心として、自分から距離をどれだけ離せるか、その距離が遠ければ遠いほど、大欲としてのレベルが高くなるのです。私の密教の師匠は、八千八百萬の欲を持ちなさい、と言っています。

現実的に、一般の人が持てる欲は千個もないでしょう。これを超えて欲を持つということは、必然的に自分をはるかに超えて、たくさんの他人のことを考えることに通じます。当然、このような大きな欲を実現するには、かなりの努力とそれに伴う苦悩が伴います。その苦悩が人を成長させてくれると考えると、大安楽に通じることになります。

一方、精一杯ジャンプしても届かない目標、トリプルアクセルを連続して飛ばなければならない状況が長く続くような目標、このようなレベルの高い目標を持ってしまうとその実現性が難しくなり、次第に目標達成の執着心が薄れていきます。

結局、何に執着するか。つまりどこに自分の目標を持ってくるか。それが背伸びをすれば届くレベルであれば、それほどの苦労はないでしょう。手に入れようと努力をするなかでそれなりの自己の成長も伴います。また、社会への貢献もできます。

まずは、小さなこと、自分がすぐにできる目標を持つことから始めて、それらを継続的に行うのがよいと思います。

例えば、エレベーターに乗ったら、次の人が乗るまでドアを開けておく、車を運転していたら、先に譲ってあげる、困った人がいたら助けてあげる、為になる情報があったら友達にも伝えてあげる、このようなちょっとしたことでも、できることはたくさんあると思います。

このような小さな善行の積み重ねが、安らかで楽しい境地へと連れて行ってくれると空海は説いています。

実は、これらの行動自体も、そもそも自分が望む欲の表現として認識できるようになると、自分の行動を客観的に観察できる力もついてきます。さらに、何も考えずに、自然とこのような善行が行えるようになると心の段階も上がっていくのです。

「多くの人に断捨離を伝えたいという大きな欲」

~断捨離からの提言~

断捨離と大欲・小欲

永田良一先生から「大欲」と「小欲」のお話が出ました。これは私が歩んできた「断捨離」の道と通じるものがあるように感じます。

第一章でも述べたように、断捨離はもともと私が行っていたヨガ（沖ヨガ）の「断行」「捨行」「離行」から来ています。これを部屋、空間の片づけに応用したのが「断捨離」です。

私自身、片づけは得意ではありませんでした。同居していたお姑さんがモノを溜め込む人でしたので、住空間はモノだらけでした。

まずは、自分自身の住空間を何とかしたいと思い、断捨離を始めたのですが、やってみると、自分で思っていた以上に、心地良い空間ができたと同時に、自分とモノとの関係性が明確になり、モノだけでなく、自分自身を見つめ直すことができたのです。

おそらくここで満足していたら、自分自身の住空間を心地良いものにしたいという「小欲」で終わっていたかもしれません。しかし、私の欲求はここでは満足しませんでした。私が得た「断捨離」という経験を多くの人に味わってもらいたい、そして、多くの人に心地良い空間と自分とモノとの関係性の問い直しをしてもらいたい、それによって、多くの人にごきげんな人生を送ってもらいたいと思うようになったのです。

そこで、最初は本当に小ぢんまりとした集まりから、「断捨離セミナー」を始めました。やってみると、参加者の方々から「家が片づきました」「モノがなくならなくなり、快適な生活になりました」などと感謝の言葉をたくさんいただけるようになりました。そんな言葉をいただくことがとてもうれしくて、今日まで断捨離セミナーを続けています。

今まで自分ではまったく気づきませんでしたが、永田良一先生のお話を伺い、「小欲」としての断捨離、つまり、自分が断捨離できればいいという気持ちだったものが、「断捨離セミナー」を始めたことによって、「大欲」としての断捨離、つまり、多くの人たちに断捨離の魅力を伝えたい、多くの人たちに断捨離でごきげんな生活を送ってほしいという気持ちに変わったのでした。

密教の大欲と比べるのはおこがましい気持ちもありますし、まだまだ道半ばではありますが、根底には相通じるものがあるかもしれません。

大欲に目覚めた断捨離トレーナー

「大欲」「小欲」ということに関して言えば、「断捨離トレーナー制度」というのも、この考え方に近いものがあるように思います。「断捨離トレーナー制度」とは「断捨離トレーナー講習」を受講された方を対象に、私、やましたひでこ、ならびに現断捨離トレーナーが面接や自宅訪問などを行い、断捨離トレーナーとしての資質ありと認められた人に与えられる資格です。この資格の保有者は「断捨離トレーナー」の肩書を名乗って、断捨離セミナーや断しゃべり会と呼ばれるサロン（懇談会）を開くことができます。

いわば、断捨離の公認伝道師です。

この断捨離トレーナーたちは、講習を受ける前までは、自分が断捨離をしたいと思って学びに来た私の生徒さんたちばかりです。ついこの前までは、自分がどうやったら断捨離できるかを学びに、私のセミナーを受けていた人たちなのです。

彼、彼女たちは、それまで自分がどうやったら断捨離できるか（小欲）ということに必死だったのが、ある程度、自分ができるようになったところで「他の人にもこのすばらしさを教えたい」「多くの人にこのごきげんな生活を味わってもらいたい」と考えて（大欲）、人に断捨離を教える断捨離トレーナーになりたいと決心した人たちなのです。

おそらく、彼、彼女たちの中で、どこかの段階でステージが一段上がって、「もっと多くの人に断捨離を知ってもらいたい」「もっと多くの人に断捨離で幸せになってもらいたい」という気持ちが芽生えたのだと思います。

まさに「大欲得清浄　大安楽富饒」を実践してくれているように思います。

～空海的生き方からの提言～

「小乗仏教から大乗仏教へ」

「十住心」と断捨離トレーナー

本書のコラム欄で、空海の『十住心論』を紹介しました。やましたひでこさんご自身が断捨離を始めたことは、「十住心」で言えば、第三住心、あるいは第四住心といったあたりの、宗教心に芽生え、悟りに向かう歩みを始めたあたりと言えるのではないでしょうか。

その後、断捨離の道を進み、磨き、極めていかれたわけですが、ご自身の住環境を断捨離によって整えたことで、第五住心まで昇っていかれたと思います。

すでに見てきたとおり、第五住心までは自らが悟ろうとする小乗仏教の段階、第六住心からは他人を救いたい、他人にも悟ってもらいたいという大乗仏教の段階になります。

やましたひでこさんが自らの住環境を整えることだけで満足せず、断捨離セミナーという形で広く一般の人に断捨離を伝え始めたことは、第五住心から第六住心へと大きな歩みを進めたことを意味すると言えるでしょう。つまり、自らの住環境だけを整える「小乗断捨離」から、世の中のすべての人々の住環境を整えたいという「大乗断捨離」へとステップアップしたわけです。

第六住心、そしてさらにその先へとステップアップした断捨離は、まさしく「大欲」を得、多くの人々を救うものとなっていきました。

断捨離トレーナーという制度を紹介されていましたが、これなどはまさに「小欲」から「大欲」へ、「第五住心」から「第六住心」へという大きなステップアップ、視点の大転換と言えるのではないでしょうか。

自分自身が片づけられないがために、やましたひでこさんのところにやってきた人たちが、断捨離という「修行」を続けたことで救われ、自分が救われたことで今度は他の人たち、世の中の人たちを救いたいと思い、救う側に自らの立ち位置をシフトしていった人たちが断捨離トレーナーさんです。

ぜひ、「大安楽」を得るための活動を続けていってほしいものです。

〜断捨離からの提言〜

「断捨離のもっと奥にある深いところへ」

断捨離の本質は実践にあり

本章の最初の方でも述べましたが、断捨離は「片づけにして片づけにあらず」。いったいどういう意味かと思われるかもしれませんが、簡単に言いますと「片づけをするけれど、それは入口にすぎず、片づけをすることによってさらにもっと奥にある深いところに進めるようになる」ということでしょう。

「結局、断捨離って何なんですか」などと聞かれることもあります。一言で「断捨離とはこうです」と説明できればいいのですが、断捨離を広めている私でさえ、簡単に説明することができないことに、日々、不思議な感覚を覚えます。

「断捨離とは片づけること」「まずは捨てることから」と申しあげるのですが、その直後「でも、それだけじゃないんですよね」という思いを口にしたくなります。しかし、断捨離を始めて間もない方にあれもこれもと言ってしまうと、大事な部分がぼやけてしまって、奥にある深いところに行く前に「お腹いっぱい」になってしまう恐れがあるのです。

まずは「片づけること」「捨てること」を実践することによって、その次の段階が見えてくるというのも断捨離の不思議さであり、魅力でもあると思っています。

読者の方々の中には「『もっと奥にある深いところ』って何？」と思われる方もおられることでしょう。

これも言葉で説明するのはとても難しいのですが、断捨離セミナーを開催すると、皆さん「片づけ」で悩んで参加されたにもかかわらず、多くの方が「片づけられない原因」がご自身の心の中にあったと気づいて帰られます。

苦しかった記憶を心の奥底に封印していた人が、片づけられない理由がそこにあったと気づくという例が非常に多いのです。

「断捨離と出会わなかったら、このことに気づかなかっただろう」と涙を流しながら自己開示（自分自身の心の中を他人に語ること）を始める人も少なくありません。

これはもう理屈じゃないのだろうと思っています。いくら「片づけられない原因はあなたの心の中にあります」などと言っても、また、それがどんなに論理的に説明できたとしても、おそらく涙を流しながら自己開示をする人は現れないでしょう。

断捨離という作業をご自身が実践され、その行動を続けていくことでモノと自分自身との関係性を問い直し、そしてさらにその奥にある自身の忘れていた経験やとらわれていた観念、無意識の領域深くに沈み込んでいた思いに気づき、涙しながらそれらと真剣に向き合うことができたのです。

断捨離の本質は実践です。片づけという、体を動かす行動を通して初めて見えてくるものがあるのです。

もちろん、理屈で納得した上でないと本気で行動することができないかもしれません。

そういう意味では、断捨離にとって理論と実践は車の両輪であり、どちらが欠けてもうまく回っていかないでしょう。かのブルース・リーは「考えるな。感じろ」と言ったそうですが、断捨離は「考え、そして感じろ」かもしれません。

「要は捨てればいいんでしょ」という理屈だけで断捨離を理解しようとすると、なかなかうまくいきません。自分自身が実際に「捨てる」という行動を実践し、片づけること、捨てることを通して感じてこそ、さらに奥深い領域に進むことができるのです。

〜空海的生き方からの提言〜

「密教と断捨離には親和性がある」

密教は身体を使った実践である

断捨離は理論と実践を車の両輪として動いているというお話は、まさに密教と相通じるものがあります。

密教にももちろん理論体系はありますが、理論だけを頭で理解しても、密教がわかるようにはなりません。自身が体を使って、あるいは法具を使って、真言を唱えて、密教の様々な行を実践して初めて、さらにその奥にある深いところに辿り着くための一歩を踏み出せるのです。

空海の生涯のところで紹介したように、空海はあるとき、それまで親しく交流していた最澄との絶縁を決意します。その理由には諸説ありますが、その中の有力な説の一つに「空海には最澄が『経典さえ読めば密教を体得することができる』と考えていたように見えたから」というものがありましたね。

「空海は天才、最澄は秀才」などと評されることがありますが、最澄はまさに勉強家、努力家でした。ただし、密教を体得する上ではその勉強家の部分がかえってマイナスに働いてしまったかもしれません。少なくとも空海にはそう見えただろうというのが、この説です。

やましたひでこさんは、断捨離も「理論と実践」が大事と説きます。特に、「捨てる」「片づける」といった、自身の体を使った実践によって、自分とモノとの関係性を問い直すことができ、さらに奥にある深いところまで進む道が拓けると言います。

密教と断捨離の親和性の高さを物語るものです。

「二重否定を使うのはやめましょう」
～断捨離からの提言～

断捨離と言葉

断捨離は片づけから始まりますが、その先にはさらに深いものがあり、人によっては人生そのものを見つめる機会を得て、人生そのものを大きく変えていく人もいます。

断捨離で人生そのものを変えていく人たちに共通していることがいくつかあります。その一つに「使う言葉を意識する」というものがあります。例えば、私がよく言うのは「二重否定は使わない」とか「否定的な表現、他人を蔑むような表現は使わない」といったことがあります。二重否定というのは、「それをしなくてはいけない」というような表現です。

特に他人に言う場合「それをしなくちゃダメよ」などと言ってしまいがちです。「ダメ」という表現が強く相手に伝わる表現です。本来は肯定の意味であるにもかかわらず、「いけない」「ダメ」という語尾が強調されてしまい、自分にとっても相手にとっても、あまりいい感情を抱けない表現になってしまうのです。

では、どう表現すればいいのでしょうか。例えば「よく噛んで食べないといけない」とか「いらないものは捨てなきゃダメ」といった言葉があったとします。これを二重否定ではなく、本来の肯定の意味で言えばいいのです。つまり「よく噛んで食べるといい」「いらないものは捨てるといい」と言えばいいわけです。

「よく噛んで食べないといけない」と「よく噛んで食べるといい」、「いらないものは捨てなきゃダメ」と「いらないものは捨てるといい」、どちらも伝えたい意味はほぼ同じです。にもかかわらず、伝わる印象はほぼ真逆なのです。

お母さんが子供に「よく噛んで食べなきゃダメでしょ」と言うとき、たいていはきつい口調で叱りつけるように言ってしまいがちです。しかし、「よく噛んで食べるといいよ」という表現では、きつく言ったり、叱りつけるように言ったりすることはまずないはずです。しかも、求めたい結果はどちらも、子供が食事をよく噛んで食べるようになることであるはずです（それを求めず、ただ自分のストレス発散のために子供にきつく言っているのであれば、論外でしょう)。

もしあなたが言われる立場だとして、どちらの表現で言われたら「よく噛んで食べよう」と思うでしょうか。そう考えれば、答えは明らかではないでしょうか。

二重否定は相手の気持ちだけでなく、言葉を発する自分自身の気持ちにも大きな影響を与えます。実は自分の発する言葉というのは、伝える相手に対して言っているのと同時に、自分自身の無意識にも語り掛けているのです。

無意識は、自分が発する言葉もしっかりと聞いています。そして、じわじわと、しかし確実に影響を与えていきます。「～しなくちゃダメでしょ」「～しなくちゃいけません」という表現を使い続けることで「ダメ」「いけない」という言葉が無意識に悪影響を与えてしまうのです。

ちょっとした言葉の使い方の違いですが、それだけで自分の気持ちを傷つけたり、自分の心をゆがめたりしてしまうのです。逆に言えば、ちょっとした言葉の使い方に注意を払うだけで、自分の気持ちや自分の心を整えることができ、相手にもいい影響を与え、言いたいことも伝わりやすくなるわけです。

この話をしますと、まれに「では、子供が危ないことやしてはいけないことをしたときに『～してはダメよ』と言うのもよくないのでしょうか」と聞いてくる人がいます。「～してはいけない」「～してはダメ」という表現は、二重否定ではありません。これらは「禁止」を意味する表現ですので、言い換えが利きません。ですから、「禁止」の表現は「～してはいけない」「～してはダメ」と言うしかないのです。

あえて言い換えるなら「～しない方がいい」となるでしょうが、これですと、意味自体が変わってきます。禁止の強さが弱くなってしまうのです。場合によっては「絶対にしてはいけない」「絶対にすべきでない」こともあるでしょう。そのときにはしっかりと「禁止」の意味を伝えるべきです。

否定の表現自体がよくないということではなく、意味がもともと肯定であり、肯定表現で言うことができるにもかかわらず、二重否定を使うというのはやめましょうということです。その方が、自分にも相手にもいい影響が出るからです。

~空海的生き方からの提言~

「いい言葉は結果的にいい人生につながります」

断捨離と身口意《しんくい》

仏教には「身口意」という言葉があります。「身」とは身体が行う行動、「口」とは口から発する言葉、「意」とは心の意思や考えのことを言います。

一般の人（衆生）の場合は「身業」「口業」「意業」で「三業」と呼んだりもしますが、仏教では、「身密」「口密」「意密」の三密と言い、仏の三密こそが完成された身口意となります。空海は一般の人の三業も仏の三密も、結局は同じものだと説きました。私たち一般の人の中にも仏性があるのですから、結局は同じものなのだというわけです。

人は心で思ったことが言葉となり、それが行動につながります。普段、自分が思ってもいないことを口に出すことはありません。常に思っていることが言葉となって発せられます。

言葉は行動を生みます。同じ行動を続けていると、それは習慣となります。良い習慣は立派な人格や品性を形成し、立派な品格の持ち主は良い出会い（縁）を引き寄せることにつながります。良い縁は、運命を決定づける出会いへと発展し、その結果として、立派な人生を送ることができます。

「身口意」の三密とはそんなふうに考えられます。

やましたひでこさんは、断捨離では使う「言葉」に気を配るとおっしゃっています。これは「身口意」の「口」に当たります。

つまり、いい言葉がいい行動を生み、いい習慣となり、いいご縁を引き寄せ、その結果として、立派な人生を送ることができるという「身口意」の考え方と、断捨離の「二重否定の言葉を使わない」という考え方は、とてもよく似ていると言えます。

言葉と行動はそれぞれが互いに影響し合い、一致していきます。言葉と行動のうち、比較的簡単に変えられるもの、意識的にコントロールしやすいものは、やはり「言葉」です。心で意識して言葉をいい方向に変えれば、「身口意」が一致していって、行動もいい方向に向かっていきます。そうすれば、良い人生を送れるということです。

にもかかわらず、世の中にはわざわざきつい言葉、汚い言葉、否定的な言葉を使う人も少なくありません。子供にあえてきつい言葉、汚い言葉、否定的な言葉を使うお父さん、お母さんは、とても残念です。

きれいな言葉を使うのに、それほど大きな努力はいりません。ただ「きれいな言葉を使おう」と思えばいいだけです。また、不用意に話さない、相手の気持ちを洞察して適切な言葉を選んで話す、話すタイミングを考える、この3つの訓練を日常的に繰り返すことで良い習慣が身につきます。

しっかりと心で意識していれば、言葉も行動も綺麗になります。

空海はそんなふうに教えてくれているのです。

冷静沈着に感情をコントロールする

冷静沈着とは、常に理性的に考えることができて、感情的にならずに落ち着いている状態と定義できます。どんな出来事が起きても、物事に動じないで、冷静沈着に対応できる人になりたいと思っている人も少なくないでしょう。私もその一人です。
しかし、現実は、やはり人間ですから不平や不満、不安や恐怖、怒りや嫉妬などのネガティヴな気持ちが湧いてきてしまい、つい感情的になったり、不適切な言動をしたりしてしまいます。それが人間の本質と言えば仕方ないでしょう。ただ、この本質を避けられない真実として受け入れた上で、できる限り行動は冷静沈着でありたいものです。

いくつかの書物を読むと、冷静な人の主な特徴としては、

1. 客観的な判断力が優れている
2. 人生経験が豊かで自信に満ちている
3. あきらめる覚悟があり開き直れる
4. ありのままを受け入れる心の準備ができている
5. 行動する前に考えて軽率な言動を避けられる

など、具体的な事例が示されています。そうすると、人間の本質である感情のコントロールとこれらの具体例との融和をはかることが冷静沈着になれる近道のように思えます。

～断捨離からの提言～

「大事なのは関係性の問い直しです」

夫の断捨離？

断捨離は、まずは空間を調えるところから。自分の部屋、いや引き出し一つから始めて、空間を整え、さらに奥深いところへと入っていきます。自分自身の心の中を見つめ直して、執着しているものに気づいたら、それを捨てることもできるようになります。

また、自身の人間関係を見つめ直し、取捨選択……とまで言うと少々きついですが、関わり方に濃淡をつけることができるようになっていきます。

さて、断捨離セミナー等で人間関係にまで入っていくと、受講生さんから必ず出てくるのが「私、夫を断捨離したいんです」という言葉です。「夫を断捨離」とは穏やかではありませんね。人を断捨離するという表現に違和感を覚える人もいることでしょう。でもね、人間関係の断捨離の話題になると、受講生さんたちから毎回、見事に必ず出てくる言葉なのです。

たしかに、断捨離ではモノ（人間関係でも同じですが）の取捨選択の基準を「今、ここ、自分」、そして「要・適・快」とするようにお伝えしています。昔は大好きだった人でも、「今」を基準に「要・適・快」を考えると「不要・不適・不快」になってしまっているかもしれません。せっかく縁あって、そしてまがりなりにも愛し合って夫婦になったのですから、しかも同じ屋根の下で暮らしているのですから、できることならいい関係で居続けたいはずですよね。

そうは言っても、夫婦それぞれいろいろな事情がありますし、夫婦だからという理由で、嫌な人（嫌になってしまった人）と一緒に暮らし続けるというのも不健全です。また、DVなど命の危険が伴うケースは、一刻も早く決断した方がいいでしょう。

ただし、多くの受講生さんに共通しているのは、夫との関係性をきちんと見つめ直すことなしに、安易に「夫を断捨離したい」と言ってしまっている点です（きちんと見つめ直したあとなら「断捨離したい」ではなく、「断捨離します」とか「断捨離しました」になるでしょう)。「夫を断捨離したい」と言っている人はたいてい、あまり本気ではありません。むしろ、そうした言葉を出さずに、暴力をふるう、家にお金を入れない、仕事をせず、あらゆることを妻に依存しているといった夫の振る舞いに黙って耐え忍んでいる人の方が深刻です。

「夫を断捨離したい」と言っている人も、夫の理不尽な言動に黙って耐え忍んで、苦しみを一人で抱え込んでしまっている人も、どちらも夫との関係性をきちんと見直していないという点では共通しています。

「断捨離」＝「捨てること」と思い込んでいる人も少なくないようですが、実際にやっていることは、モノとの関係性の問い直しです。これは、人との関係性（人間関係）の問い直しにも応用できるので、断捨離を通していい人間関係（離れるにしても、修復するにしても）を築けている人もたくさんいます。

夫に対して嫌悪感をもっていた人でも、断捨離を通して関係性を見つめ直した結果、何が問題だったのかに気づいて修復し、いい関係が築けるようになったという人もたくさんいるのです。

「ではどうすればいいのだろうかという発想に至る」

～空海的生き方からの提言～

怨憎会苦《おんぞうえく》を知る

仏教の「四苦八苦」の中に「怨憎会苦」というものがあります。嫌な人、怨み憎んでいる人とどうしても会ってしまう苦しみのことです。

「四苦八苦」とは、人間が逃れられないこと、思うようにならないことですので、嫌な人、怨み憎んでいる人と会ってしまうことも、逃れられないことだというわけです。そういう人には会いたくないと思っていても、思い通りにはならないのです。

やましたひでこさんは、「夫の断捨離」という話をされていましたが、愛し合って一緒になったはずの人でもいつの間にか「怨憎」になってしまうことがあるということなのでしょう。夫婦であれば「会わない」ことも難しいでしょう。まさに「怨憎会苦」ということになってしまいます。

ただ、人間が逃れられない「四苦八苦」の一つとして「怨憎会苦」というものがあるのだと知っていると、それだけで生き方自体が変わることも事実です。たとえ夫婦といえども、時間とともに関係性が変わっていき、自分が相手にとって「怨憎会苦」の対象となることもあるのだと知っていると、「では、そうならないためにはどうすればいいだろうか」という発想に至ることができるでしょう。

それは、いつも相手への思いやりや感謝を忘れないようにするとか、愛情表現をきちんと形にして相手に伝えるとか、相手の立場で考える習慣を身につけるとか、状況によっていろいろ工夫や対策はあるとは思います。

「怨憎会苦」は会社にも

これは、夫婦間の話だけではありません。私は会社を経営していることもあり、組織の在り方にもこの考え方は必要だと考えています。「ブラック企業」などという言葉が巷に溢れていますが、会社の問題と同時に、上司による「パワハラ」「セクハラ」といったハラスメントもあるようです。

サラリーマンは嫌な上司の下で働かざるを得ないケースが多々あります。「嫌なら会社を辞めればいい」という意見もありましょうが、せっかくご縁のある会社に入社したのにすぐに辞めてしまうのでは力はつきませんし、次に入った会社の上司が嫌な人ではないという保証もありません。そもそも、次の会社にすぐに就職できるとも限りません。


ここで上司、部下ともに「怨憎会苦」の考え方を知っていれば、少し違った展開になるのではないかと思うのです。部下の側からすれば「怨憎会苦」は人間として逃れられない四苦八苦の一つですからどんな会社に行ったところで、必ず「嫌な人」はいると考えられるようになります。だったら、会社を辞めるという選択肢を考える前に、「どうせ嫌な上司からはどこに行っても逃れられないのなら、そこに気を取られるよりも、今の仕事のやりがいに気持ちをもっていって、自己の実力をつけよう」と思えるでしょう。

つまり、嫌な上司とは適度な距離をもって、やりがいのある仕事の方に注力しようと思えるようになるかもしれません。「それが難しいのだ」という意見もわかりますが、少なくとも「怨憎会苦」を知っているのと知らないのとでは、上司や会社、あるいは仕事そのものへの接し方や注力の度合いが違ってくるだろうと思います。

上司の側にとっても、「怨憎会苦」を知っていることはとても効果的です。本当にいじわるな性格の人だったり、あえて嫌がらせをするような人だったりする場合は論外と言えますが、普通は上司と部下というのはあくまで仕事上での付き合いですから、上司の行為というのは業務をスムーズに進めるためにやっているはずです。

ここで上司が「怨憎会苦」を知っていると、「自分は仕事を前に進めるため、あるいは部下がしっかり育ってくれるためにやっていることだが、もしかしたら部下は自分のことを『怨憎』だと思っているかもしれない。それは自分にとっても本意ではないので、そうならないようにするにはどうすればいいだろうか」などと考えられるようになるのではないでしょうか。これだけで、部下への接し方が変わるでしょう。

上司の部下への接し方が変われば、組織は変わります。上司と部下が互いに「怨憎」の関係になることの対局には、師匠と弟子のような「尊敬」の関係になるという状態があります。尊敬できる師匠が「怨憎」の対象になることはありえませんし、師匠がかわいい弟子を大切に考えないことはありません。

人間は、人にやらされていると感じると強制感を覚えます。それに対して、自分からやろうと自律的に思うことには積極的に取り組みます。上司は、部下に「やらされ感」を与えるべきではありません。やらされ感がなくなると、仕事というのはとても楽しくなります。嫌々やる仕事と楽しくやる仕事、どちらが成果が出るかは明らかです。仕事は楽しくやるといいのです。

成果が出てくると、仕事に対してわくわく感が出てきます。わくわくしながら仕事ができるようになると、そんなふうに自分を育ててくれた師匠（恩師）に対して、深い尊敬の念が出てきます。

～断捨離からの提言～

「まずは自分自身の実践から」

家族に「片づけさせたい」という思い

断捨離のセミナー等を行うと、先ほどの「夫の断捨離」と並んで必ず言われるのが「夫（子供）に片づけさせたいんです」という言葉です。自分ではなく、「家族に断捨離してほしい」という思いを私にぶつけてくる人がとても多いのです。こうした要望に対する私の答えは明快です。

「他人はコントロールできません」

そう、他人に行動を強要することはできないのです。仮にあなたが家族から、あなたが苦手なことをやってほしいと言われたらどうでしょう。やりますか？　間違いなく、やらないでしょう。片づけも同じです。片づけが苦手な家族に「片づけてほしい」と言っても、まずやりません。

家族にやってほしいと思ったら、まずはとにかく自分がやることです。他人に強制はできませんが、自分が実践することはできます。私が言うのはこうです。

「まずはあなたが断捨離を実践してください。とにかく、楽しく実践してください。そして、その楽しさを家族に見せつけてください。家族は『何をそんなに楽しそうにやっているの？』と聞いてくるでしょう。最初は『教えない！』ともったいぶってもいいでしょう。でも、最後はきちんと教えてあげてください。断捨離の楽しさを教えてあげてください」

まずは自分自身が断捨離を究めなければ、他人にそのすばらしさを伝えることはできません。逆に言えば、とても楽しそうに断捨離を実践していれば、周囲の人たちもそれに興味をもって、「そんな楽しそうなことなら、試しにやってみようか」と思ってくれます。実際、ただ本人が楽しく断捨離を実践していただけで、家族も勝手に断捨離を始めたという例は枚挙にいとまがありません。

まずは自分自身の実践から。

これが断捨離の輪を広げる、唯一にして最強の方法なのです。

~空海的生き方からの提言~

「欲を持たなければ人を救うことはできません」

プラスのパワーになる多くの人が喜んでくれるような欲

「大欲」という考え方が密教の本質にあるという話はすでにお伝えしたとおりです。

空海は、自らが救われる「小乗」からすべての人を救う「大乗」へと上がっていくための「十住心」という階段を示してくれました。しかし、空海は「小乗がダメで大乗だけがいいのだ」とか、「小乗を捨てて大乗だけで生きよ」などとは言っていません。「十住心」は大きな高さを持つ心の階段です。一足飛びには登れませんし、ましてや小乗の5段階を飛ばして大乗から登り始めることなどできません。

空海は、まずは自分自身が救われなければ、他人を救うことなどできないと説きます。

だからこそ、最初は小乗によって自らが救われ、そのあとで大乗へと歩を進めて、大勢の人たちを救う道へと上がっていってほしいと言うのです。

そもそも人間は、欲を持つことで元気になれます。「あるところに行きたい、あることをしたい、あるものを食べたい、あるものになりたい」など、より具体的に、「あるもの」を心の中で思い続けることができること自体が元気の源だと言えるでしょう。欲しいものはなく、何もしたくなく、単に生きているだけになってしまっては、人生、幸せとは言えないでしょう。

しかしながら、その欲が他人の迷惑になることだったり、他人の物を奪うことであったり、環境に悪い影響を与えることだと、それが成就したとしても、負のパワーがブーメランのように自分に帰って来るものです。

プラスのパワーとなるもの、それは、自分だけの幸せを望むことでなく、周囲の人への配慮を忘れないで、多くの人が喜んでくれるような欲です。

一方、病床にある人にとっては、病苦との闘いに疲弊してしまい、食欲も出ず、生きることさえが苦に思える方もおられるのも事実です。また、仕事に追われてしまい、責任感が強いゆえに、強迫観念に悩んでいる人にとっては、その環境から逃れることさえできずにいます。このような人に「欲を持とう」と言っても、それは苦、そのものになります。

もし、周囲に元気でない人がいたとしたら、小さなことでも、簡単なことでもよいので、その人が欲を持てるように手伝ってあげてください。そうすることが大欲の一歩につながり、あなた自身も元気になれるでしょう。

〜断捨離からの提言〜

「収納術ではいたちごっこです」

「断捨離」という音の響き

ありがたいことに「断捨離」という言葉は、多くの人に使っていただいているとともに、この「断捨離」という言葉によって片づけやいらないものを捨てることを意識できるようになった人も少なくないようです。私がこの言葉を使い始める前は、「断捨離」などと言っても誰も理解してくれなかったでしょう。それが今では「断捨離」と聞けば、誰しもが「片づけ」「捨てること」をイメージできるほどになりました。

これは想像の域を脱しませんが、「断捨離」という言葉の響きそのものもとてもよかったのではないかと思っています。元々はヨガにおける「断行」「捨行」「離行」という3つの「行」を合わせたものですが、これが「片づけ」や「いらないものを捨てること」をイメージする言葉になったのは、やはり「言いやすさ」とか「音の響きの良さ」があったのでしょう。

3分類の法則

私、やましたひでこは、普段から「収納術」に対してやや否定的な発言を多くしているかと思います。それは、モノの総量を減らさず、とにかく「収納」する（スペースに無理やり押し込む）ことにのみ必死になっても、結局はまたモノが増えてそれを収納する必要が出てくるという、モノと収納とのいたちごっこになってしまうと考えているから。断捨離でモノの総量を減らせば、収納術自体を断捨離できてしまう（収納グッズさえも断捨離の対象となる）のです。

『住まいのダイエット』（ＢＳ朝日）という番組に出させていただくようになって、改めて気づいたことがあります。この番組はいろいろなご家庭に行って、家の中の片づけのお手伝いをするという企画なのですが、私、やましたひでこは日頃「収納術」を否定していながらも、実は意外に収納上手なのだということを再確認したのです。

自画自賛で恐縮ですが、「収納術にはまっています」などとおっしゃる奥様に限って、収納があまり上手ではなく、こうした奥様方に収納術をお教えする機会が多くなっています。

もちろん、ある程度の断捨離を実践してからになりますが、そこへやましたが断捨離流の収納術をお教えすると、あっという間に見事に、しかも機能的にモノが収まっていきます。

断捨離流の収納術で特に効果的なのが、「3分類の法則」というものです。簡単に言いますと、雑然と置かれているモノたちを3つのカテゴリーに分類して収納するという方法です。例えば、台所用品であれば「調理グッズ」「食器」「その他」とか、クローゼットであれば「カジュアル」「フォーマル」「セミフォーマル」とか、あるいは「暖色系」「寒色系」「その他（中間色・無彩色）」なんていう分け方もあるでしょう。

3つに分ける分け方も状況や対象物によって変わってきますので、それを考えるのも楽しいですし、断捨離の訓練にもなります。3分類のうちの1つを「その他」としておくと、けっこう便利です。悩んだら「その他」に入れておいて、あとでまた考えてもいいのです。

なぜ3分類がよくて、2分類や4分類ではよくないのかと聞かれることがあります。明確な理由を論理的に答えるのは難しいのですが、私の経験則で、たいてい2分類では足りなくて（どちらにも入らないものが出てくる）、4分類だと階層エラーが発生してしまう（分類したカテゴリーのうちのどれか2つは、結局は1まとめにできてしまう）ことがわかったのです。あくまでも私の経験則なのですが、今のところ、この経験則に当てはまらなかったケースはないですし、3分類自体、とても分類しやすいので、皆さんにもお勧めしています。

3分類の良いところは、まずはとても機能的であるということです。収納するのは、単にモノをスペースに押し込むことが目的なのではなくて、次にそのモノを使う際、使いやすいようにするため。3分類されていると、使いたいときにどこに収納されているかがすぐにわかります。

もし5分類、6分類、7分類といった具合に、たくさんのカテゴリーがあったら、使う際に「どのカテゴリーに入れたんだっけ？」と考えなくてはならなくなる。でも、3つぐらいなら、だいたい誰でもすぐに「ここだ」とわかります（2つだと、本来は異なるカテゴリーに入れるはずのモノが混在することになるので、やはり探しにくくなります）。

また、取り出しやすいということは、しまうときにもしまいやすいのです。しまいやすいというのは意外に重要なことで、モノが散乱してしまう人の多くは「どこにしまえばいいかわからない」「だから、しまうのが面倒くさい」「とりあえず、そのへんに置いておいて、あとで考えよう」という流れを連続して起こしてしまうのです。すぐにしまえば散らからないはずですから、しまいやすい収納こそが、片づけ、整理整頓のキーポイントだと言ってもいいくらいです。

さらに、カテゴリー化されている収納は、とてもきれいです。見た目も美しい。見た目が美しいと、人はその美しさを保とうとします。きれいに磨かれた床にゴミを捨てようと思う人はまずいません。平気で道端にゴミを捨ててしまうような人でも、きれいに掃除され、磨き込まれたところにゴミのポイ捨てはしません。きれいな場所にゴミを投げ捨てるのは、逆に勇気がいることでしょう。

ところが、床が汚れていたり、すでにゴミが落ちていたりすると、「自分が捨ててもそれほど変わらないだろう」などと思って、ポイとゴミを投げ捨ててしまう人も出てくるのです。見た目の美しさ、整理整頓された空間、きれいに掃除され、磨かれた空間は、人の心をも変えてくれるのです。

~空海的生き方からの提言~

「断捨離にはマントラのチカラがある」

「般若心経」とマントラ

真言宗では、般若心経がよく唱えられます。空海も般若心経を特別なお経として大事にしていました。般若心経の解説書（注釈書）『般若心経秘鍵《はんにゃしんぎょうひけん》』という書物を書いたほどです。

般若心経は「空」を説く考え方など、仏教の思想が凝集されており、日本で最も有名なお経の一つと言っても過言ではないでしょう。実際、お経を自らの手で書き写す「写経」をする際、最も好まれるのが般若心経です。

漢字262文字とあまり長くないので書き写すのにちょうどよいという理由もあるでしょうが、やはりその短い中に凝縮された仏教の教えのエッセンスを感じ取ることができるという点が、日本人に好まれている最大の理由ではないかと思います。

仏教の経典はもともと、インドの地でサンスクリット語で書かれました。般若心経も当然、サンスクリット語で書かれました。これを中国のお坊さんが中国語に翻訳したことで、仏教は世界に広まっていくことになるのですが（日本に伝わったのも、中国経由です）、そのお経の翻訳に力を注いだ二大人物がいます。

4世紀後半から5世紀初頭にかけて活躍した鳩摩羅什《くまらじゅう》、そして「西遊記」の三蔵法師《さんぞうほうし》として知られている、7世紀に活躍した玄奘《げんじょう》です（「西遊記」というのは、玄奘がインドに行ってお経を写し取って中国に持ち帰る旅を物語化したものです）。

鳩摩羅什が訳したものを旧訳、玄奘が訳したものを新訳などと呼びますが、般若心経の訳もそれぞれ若干の相違が見られます。空海はこの相違なども踏まえながら、般若心経とはどういったお経なのかを『般若心経秘鍵』で解説しています。日本で唱えられたり、写経に使われたりする般若心経は玄奘の訳した新訳だと言われています。

さて、この般若心経ですが、空海が大切にした理由の一つに、お経の最後の方に出てくる部分の重要性がありました。般若心経の最後の方に「羯諦羯諦《ぎゃーてーぎゃーてー》、波羅羯諦《はらぎゃーてい》、波羅僧羯諦《はらそーぎゃーてー》、菩提薩婆訶《ぼーじーそわか》」という文言が出てきます。実はこの部分、中国語に翻訳されていません（正確には音写、つまり音をそのまま中国語の漢字に当てはめている）。その前までは、意味に沿って訳されており、（当時の）中国人なら意味がよくわかったはずです（深い思想的な理解はともかく）。ところが、「羯諦羯諦、波羅羯諦、波羅僧羯諦、菩提薩婆訶」の部分は、（当時の）中国人が読んでも意味がわかりません。サンスクリット語の音をそのまま漢字に当てはめたものだからです。

「羯諦羯諦、波羅羯諦、波羅僧羯諦、菩提薩婆訶」の部分は、マントラ（真言）です。呪文みたいなものかと思う人もいるかもしれませんが、実際、空海は真言と呪文を明確に区別していますので、マントラを呪文と表現するのは誤りです。ただ、ここではその違いについては深入りせず、般若心経のマントラについての話をしていきます。

真言密教の真言とはマントラのことですから、そう捉えれば「羯諦羯諦、波羅羯諦、波羅僧羯諦、菩提薩婆訶」と唱える般若心経を真言密教が大切に扱う理由も見えてきます。

「でも、お経ってどれもマントラみたいなものでは？」と思う人もいるかもしれません。もちろん、そういう部分も大きいかもしれません。ただ、般若心経の前半部分はきちんと意味を訳しているのに対して、「羯諦羯諦、波羅羯諦、波羅僧羯諦、菩提薩婆訶」の部分だけは意味を訳さず、音をそのまま使っていることには注目すべきです。この部分を読むと気持ちがすっと楽になるとか、この部分を唱えるだけで心が安らぐと言う人も少なくないのです。

インド語の仏典を中国語に翻訳する場合、五種不翻《ごしゅふほん》という規則があり、マントラや陀羅尼《だらに》などは意味をとって訳するのではなく、音をそのまま発音します。玄奘もこの言葉の響きそのものに力があると感じたのではないでしょうか。マントラやダラニなどの言葉に不思議な力があるという言霊信仰があるのも事実です。

そのマントラの音の響きの力を空海も感じ取り、真言密教の中で大切なお経として伝えたのでしょう。このマントラが般若心経を般若心経たらしめており、現代においても多くの人々に唱えられている理由だとも考えられるのです。

さて、断捨離の話の中でなぜ般若心経の話をしたのかと言いますと、「断捨離」という音の響き、音が持つ力がまさに「マントラ」と共通していると感じたからです。「断捨離」

という言葉の響きが持つ力は、とても大きなものがあると思います。だからこそ、多くの人の口で語られ、「片づけ」「いらないものを捨てること」を意味する代名詞的な言葉として定着したのでしょう。「断捨離」と唱えるだけで、片づけに対するイメージが湧いてきたり、意欲が出たり、あるいは持続力を維持できたりします。「片づけ」とか「整理整頓」とか「収納」といった言葉ではなく、「断捨離」という響きだからこそ、こうした力が湧いて出てくるのだと感じています。

私の中で「断捨離」と「空海」、あるいは「断捨離」と「真言」が結びついたのは、「断捨離」という言葉そのものがマントラのような力を備えていると感じたことがきっかけでした。それほどまでに「断捨離」という音の響きには強い力が宿っていると思います。

「断捨離」と「曼荼羅」

多くの人が思い浮かべる密教の特徴的なものの一つに「曼荼羅《まんだら》」があります。密教の世界観、宇宙観を一つの絵で示したもので、真ん中に主尊が鎮座し、その周りに複数の仏さまが散りばめられた絵になっています。曼荼羅には様々な種類、様々なデザインがありますが、どれも仏様が整然と、そして不可思議な幾何学模様を作りながら散りばめられていて、その美しさは見る者の心を奪うものばかりです。

曼荼羅を日本に最初に紹介したのは空海です。空海が密教の体系を図示するものとして中国から持ち帰り、密教の発展とともに、日本にも根付いていきました。

やましたひでこさんは「収納術は嫌い」と公言しながらも、「断捨離にも収納術がある」ことを述べておられます。まずは断捨離してモノの総量を減らした上で、3分類して収納するといった手法があるそうです。

この収納法、テレビ番組で見せていただきましたが、あえてたとえると「モノの曼荼羅」の如き美しさがありました。断捨離では、住空間は住居者にとっての一つの宇宙と捉えているのだろうと思います。住空間には、その住居者の宇宙観が必ず反映されます。

密教の考え方に沿って宇宙を図示したものが曼荼羅ですから、断捨離を実践することで生み出される住空間は、まさしく断捨離の考え方に沿って宇宙を図示した「断捨離曼荼羅」だと言えるのではないでしょうか。

〜断捨離からの提言〜

「チャンスにも気づくようになります」

断捨離とは感性のアンテナ磨き

断捨離では、お部屋などの空間にあるモノを減らし、入ってくるモノにも総量規制をかけ、さらにはモノが減った状態での片づけ、そして掃く・拭く・磨くといったお掃除へと進んでいきます。モノで溢れていると、掃くことも拭くことも磨くといったお掃除をすることもできません。床が見えない状態で床掃除をすることはできません。モノがない状態なら、お掃除は簡単です。

空間にモノが溢れている状態を放置しているというのは、私に言わせますと、「感性の欠如」です。モノが溢れているということを感じるセンサーが錆びついていて、空間がモノで溢れていることに鈍感になってしまっているのです。

テレビ番組などでお宅にお邪魔して、片づけのお手伝いをさせていただくと、ほとんどのお宅で「こんなに不要なモノがあったなんて、思いもしませんでした」という声を聞くことになります。毎回、数百kgもの不要物をお宅から出して、処分していくのですが、当のご本人たちに重さを予想してもらうと、たいてい1桁少ない数字をおっしゃいます。中には2桁少ない数字をおっしゃるツワモノもおられますが、この方々は自分の家がモノで溢れていることを感じ取るセンサーが錆びついていて、感覚が麻痺してしまっていたのです。

断捨離によってモノを減らし、さっぱりとした住空間を取り戻すと、それまでモノの量など気にしていなかった人でも、あまりモノを増やさなくなります。モノが少ない空間の中で暮らしていると、その空間にモノが入ってくるのがすぐにわかります。その入ってくるモノが気になり出すのです。急いで元の少ない状態に戻そうと、断捨離をすることになります。

そう、以前、モノの散らかりを感じなかったのは、感覚が麻痺していただけ。センサーが錆びついていただけで、壊れていたわけではないのです。

断捨離をすると、感性のセンサーがよみがえります。きれいになった空間だけでなく、それまで気づかなかった自分自身の様々な事柄に気づくようになります。

どうして住空間をきれいに整えるだけでそんなことが起こるのかを理論的に説明するのは難しいのですが、実際に断捨離を実践した人たちはみな、実感することなのです。おそらく、住空間に対する感性がよみがえることで、「気づく」ことに敏感になり、それまで気づかなかった物事に気づけるようになるのでしょうね。

感性のセンサーがよみがえると、あなたの人生の中でそれまで見逃してしまってきた、ちょっとしたチャンスにも気づけるようになります。チャンスに気づけない人がチャンスをつかむことはできません。チャンスに気づいたとしても、そのチャンスをつかんでものにできるとは限らないと思うかもしれませんが、気づかない人に比べたら、チャンスをものにできる確率は圧倒的に高いはず。

断捨離は感性のアンテナの錆を落とす作業でもあるのです。

〜空海的生き方からの提言〜

「空海は自然の中で楽しみを見つけ感性を磨いた」

感性と大乗

感性、感受性の感度が高いか低いかは、往々にして、自分のことしか考えられないか、他人のことまで考えられるかの差に表れてきます。まず自分のことを考えるというのは人間の本質であり、けっして悪いことではありませんが、そこで留まってしまうと「十住心」の第五段階までしか行けません。

当然、自分を大切に思うこと、自分の幸せを願うことはとても大切ですが、そこで終わらず、自分と同じ人間が隣にもいるのだと気づくと、隣の人を大切に思うこと、隣の人の幸せを願うことにもつながっていきます。さらに、隣の隣にも人がいて、またその隣にも人がいて、というように、自分以外の人のことも気に掛けることができるようになれば、「十住心」の第六段階に進む準備ができてきます。

ですから、隣に自分と同じ根っこを持つ人間がいて、その人も大切な存在であり、幸せを願うべき存在なのだと気づくことが次の段階に進めるかどうかの鍵となります。

「二而不二《ににふに》」という言葉をご存知ですか。

これは、仏教の言葉として知られています。この世には自分も他人もそれぞれ独立して存在しているが、人類という視点、生まれる前の世界も死に逝く世界もお互いに共有していると考えると、自他の区別はもともとなく、実は、自分も他人も本質的な違いはない、という考え方ができるという意味です。

二而不二を理解するのに私がよく使う例をご紹介しましょう。それは、世代を超える考え方を身に付けることです。

例えば、2人の子供がいたとします。彼らがそれぞれ子供を2人ずつ授かると、孫は4人。次の世代も同じように2人ずつ子供を授かると、曾孫は8人。平均的な出産年齢が25歳から35歳とすると、およそ1000年後には30~40世代が継代されます。仮に40世代として、この40世代の継代の間、各世代で子供を2人ずつ授かったと仮定すると、子孫は1兆人以上となります（2の40乗）。

次に、自分が生まれる前、今から40世代前のご先祖様が現代を眺めると、この間に約1000年の時が流れ、1兆人の子孫が生まれたことになります。私たちもその子孫の1人です。そうなると、現代に生きる私たちは、皆、親戚関係にあると言ってもいいでしょう。

実際、人類の遺伝子を遡るとたった4人のアフリカの女性に行き着きます。私たちの世代は、現代に独立して存在しているのではなく、世代交代という生物学的連続性の中でその存在が認められるのです。今、ここで同じ時間と空間を共有しているというすばらしさに縁を感じると、お隣の人にも親近感を感じることができませんか。

周囲の人たちとの関係性の中に自分の存在を見出し、お互いに争うのではなく、協力して助け合い、調和することで、より良い現実と未来を作っていくための智恵を指し示す言葉が二而不二と言えるでしょう。遠い先祖から引き継いできた命の流れを肌で感じて、次世代により良い環境を残していくように努め、これを人生の本質的な目的と思うと不思議と気持ちが楽になります。

こうしたことに気づけるかどうかは、やはり感性の問題であり、感受性の高さが必要です。やましたひでこさんの言葉を借りれば、感性のアンテナが錆びついていてはなかなか難しいでしょう。

十住心の第六段階、すなわち大乗の段階にまで進むためには、感性のセンサーの錆を落とす必要があります。やましたひでこさんは「断捨離」を実践することで、この感性のセンサーの錆を落とすことができると述べています。

自然を見つめる目と感性

感性とか感受性というのは、ちょっとした変化にも気づける力のことだと言えますが、これは「気づこう」と努力することで磨くことができます。小さな変化に気づこうと意識すること。例えば、厳冬の候という表現がぴったりの1月初旬。街路樹はみな、葉を落とし、冬枯れの様相を呈しています。生命の息吹どころか、まるですっかり枯れてしまったかのような姿ばかりです。

私の会社のオフィスがある東京・築地近辺には、桜の木がたくさんあります。1月ですと、桜の木はそれこそ枯れ木同然の姿です。ですが、ある日、立ち止まってよく見てみると、とても小さいのですが、新芽（になるであろう部分）が出てきているのに気がつきました。この、ほんの小さな新芽が春には花を咲かせ、そして葉をつけるはずです。

極寒の1月、枯れ木のように寒々しい桜の木でも、よく観察してみると、もう春の準備を怠りなく始めている健気な姿を見つけることができます。たいていの人は枯れ木のような街路樹を見て、「ああ、寒いな。春はまだまだだな」と感じることでしょう。あるいはそんなことすら感じず、目には映っているはずの木々にまったく関心を寄せずに通り過ぎていく人も多いかもしれません。でも、立ち止まってよく観察してみると、あるいは立ち止まって観察してみようという意識があると、真冬の寒い中にもすでに春の準備が着々と進んでいることを感じられるのです。

こうしたことは、ちょっとした感性、感受性が必要ではありますが、同時に誰にでもできることでもあります。自然に意識を向け、自然を眺める意識を持つだけで、誰にでも感じることができる感性です。感じられないのは、感性のセンサーを使わずに放っておいた間にちょっとだけ錆びついてしまったからであって、その錆を落としさえすればすぐにセンサーの感度を復活させることができるのです。

空海の感性

空海は、好んで山に入り、修行をしました。寂しい山の中に入り、修行を続けました。空海の著作『性霊集』の巻第一には、「山中に何の楽しみが有る」と題する一節があります。

「山鳥、時に来て、歌一たび奏す。山猿、軽く跳《おど》って、伎、倫に絶えたり。暁の月、朝の風、情塵《じょうじん》を洗う」

空海は、山の中での座禅修行を月日も忘れるほどやり続けますが、いったい何の楽しみがあって、こんなことを続けられるのだろうかと自問します。もちろん、悟りをひらくための修行なので、悟りに近づける喜びはあったことでしょう。しかし、それだけではなく、自然観察に目を向けて、そこに楽しみを見出していきます。

鳥たちが時々やってきて、自分に歌を歌ってくれる。猿は自分の目の前で軽く飛び跳ね、見事な芸を披露してくれる。実際には、鳥は空海のために鳴いたわけではありませんし、猿も空海に動きを見せに来たわけではありません。しかし、彼は、鳥や猿の行動を「なんと楽しいことか」と捉える感性を持っていたのです。それによって、山の中での修行も楽しくなり、時間も忘れるほどに修行に力を入れることができました。

自然を見つめること、感性のセンサーを研ぎすますこと。これによって、空海は悟りへの道を進んで行くことができたのでしょう。

~断捨離からの提言~

「次元を変えるという考え方が重要です」

俯瞰力とは

断捨離では「俯瞰力」という力を大切にしています。私の著書にも同名のタイトルのものがありますが（『俯瞰力』マガジンハウス刊）、この力がないと断捨離はなかなかできませんし、同時に断捨離を続けていくことによって俯瞰力が磨かれるという一面もあります。

俯瞰力の「俯瞰」とは、物事の全体を上から立体的に見ること。鳥が空から広い視野で見下ろすような見方で「鳥瞰」という言葉とも近い概念。「客観」という概念とも近いように思えるかもしれませんが、少し異なります。

「客観」というのは「主観」の反意語ですので、自分の目で見るのではなく、そこから離れて他人の視点、あるいは自分とは別のところにカメラを置いて、そのカメラの視点で物事を見る見方。対して「俯瞰」は、そうした他人の視点や別角度のカメラまで含めた全体を上から見る見方なのです。

「客観」には「高さが変わる」という概念がありませんが、「俯瞰」は高さが変わる、すなわち「次元」を変えて見る見方になるのです。

お酒へのこだわりと呑兵衛

「次元が変わる」という考え方はとても重要です。「抽象度が変わる」見方につながるからです。

ちょっと難しい概念が出てきましたね。「抽象度」とは何でしょうか。例で見てみるとわかりやすいと思いますので、一つ、例を出してみます。

ある酒席でビール党Aさん、日本酒党のBさん、焼酎党のCさんの3人がそれぞれ大好きなお酒を酌み交わしていました。飲みながら、Aさんはビールがいかにおいしいかを、Bさんは日本酒の味わいを、Cさんは焼酎の奥深さを語ります。3人はそれぞれ自分が愛するお酒について語るうちに、いかに他のお酒よりも優れているか、さらには他のお酒がいかに自分の好きなお酒よりも劣っているかを述べ始めます。相手の嗜好を攻撃し、やがて相手の人格まで攻撃し始めますから、こうなるともう、喧嘩です。

「ビール」「日本酒」「焼酎」は別々のお酒です。この次元で「どれが一番おいしいか」という議論をする限り、お互いの意見が相容れることはありません。ところが、「ビール」「日本酒」「焼酎」を俯瞰して見てみると、「どれもお酒（アルコール）であることに変わりはない」ことに気づきます。ビール党のAさんも、日本酒党のBさんも、焼酎党のCさんも、みんなお酒好きの呑兵衛です。

「俺たち、なんだかんだ言ってるが、結局はみんな酒好きの呑兵衛じゃないか」

俯瞰することによってこの視点が持てれば、喧嘩にならず、楽しくお酒が飲めるようになります。

「ビール」「日本酒」「焼酎」という括りの抽象度よりも「お酒（アルコール）」という括りの抽象度の方が一段高いわけです。「お酒（アルコール）」という括りは、「ビール」も「日本酒」も「焼酎」も包み込む概念です。包み込む概念は、包み込まれる概念よりも抽象度が高いと言えるのです。

このように高い抽象度から俯瞰すると、低い次元の話は無意味になります。「ビール」「日本酒」「焼酎」の違いなどささいなことで、同じ呑兵衛として仲良く飲んだ方がいいじゃないかということになるのです。

断捨離で俯瞰力を鍛える

では、断捨離と俯瞰力とはどのような関係があるのでしょうか。

簡単に言いますと、俯瞰力なしには断捨離することは難しいですし、断捨離を繰り返していくと自然に俯瞰力が身についていくということ。わかりにくいですか？　では、少し抽象度を下げて、具体的に見ていきますね。

断捨離でモノと向き合う際、「これは『今』の『私』にとって、『要・適・快』の存在だろうか」と自らに問いかけることになります。以前の私には「要・適・快」だったかもしれないけれど、「今」の私にはどうだろうかと考えること自体、思考の中に時間軸という次元を増やして考えていますから、すでに抽象度が上がっています。さらに、「他人」ではなく「私」

にとっての「要・適・快」を考えますから、「人軸」とも言える次元での思考が入ってきます。それまでにはなかった思考の軸が断捨離によって増えているわけですから、ここでも抽象度が上がった思考ができています。

このように、抽象度が上がった思考ができないと断捨離は進みません（なかなか捨てることができない）し、断捨離によってこうした思考を繰り返すことによって、抽象思考の訓練にもなり、自然とできるようになっていくというわけです。

断捨離と俯瞰力、いかがでしょうか。断捨離は片づけであって、片づけにあらず。その意味合いが少しずつ、ご理解いただけたのではないでしょうか。

「俯瞰して捉えるとは、不安や悩みを取り除く取り組み」

〜空海的生き方からの提言〜

空海と俯瞰力

物事を高い視点から鳥が地上を眺めるように俯瞰して捉えること。これは、空海自身、いろいろなところで語っていますし、密教、あるいは仏教、もう少し言えば宗教というものは総じて、人生や人の死を俯瞰して捉えることによって、不安や悩み、あるいは苦しみ、痛み、悲しみといったものを取り除こうとする取り組みであると考えられます。

例えば、前にも述べた「身（行動）・口（言葉）・意（心）」があります。人というものはこの三業（三密）から成り立っていると考えるのが密教の考え方です。

「たったの三つ？」と思うかもしれませんが、俯瞰してみればこの三つに集約できると考えるのが密教です。

空海と最澄が袂を分かつ出来事として、最澄が『理趣釈経』を借りたいと申し出たことに対して、空海が断ったということがありました。空海が最澄に宛てた断りの文章には「またいわゆる理趣釈経とは、汝が三密、即ちこれ釈経なり。汝が身等が不可得、我が身等も不可得、誰か求め、誰か与えん」とあります。「理趣釈経というのは、あなたの三密（身口意）のことですし、あなたの身等（三密）は不可得（空）ですし、私の三密も空ですから、誰が求めたり与えたりすることができましょうか」と言うわけです。

最澄は「『理趣釈経』という経典を貸してほしい」と言ったのに対して、空海は「そんなものはあなたの身口意であって、身口意は空なのだから貸し借りなんてできるわけがありません」と答えているのです。

かなり抽象度が高くて難解な表現ですが、全体を俯瞰しないと言えない言葉だと思います。

やましたひでこさんは、モノと向き合う際、「要・適・快」の3つの視点を持って、時間と人を軸として考えることで抽象度が上がった思考ができると述べています。このことは、密教が三業に集約できることにも通じているように思えます。断捨離の三業とでも言えるでしょう。

~断捨離からの提言~

「自問自答することがモノを手放すことにつながります」

人間関係の断捨離

断捨離はモノの取捨選択から始まって、やがては人間関係、そして自身のこだわりとか、知らず知らずにとらわれていた観念といったものを取捨選択していく営み。

断捨離の入口はほとんどの人が「モノが溜まって片づけられない」というところから入ってきます。なぜモノが溜まるのか、なぜモノが捨てられないのかと自問自答していくうちに、自らがとらわれていた観念に気づき、その観念を捨て去ることで、モノも手放すことができるようになります。

断捨離を学ばれている受講生さんに、こんな方がいました（Aさんとしましょう）。そのAさんには弟がいるのですが、彼はずっと引きこもり状態で、いわゆるニートを続けていました。Aさんは60代ですから、弟は若くても50代でしょう。そのニートの弟の面倒を、Aさんがずっと見てきたというのです。もちろん、「金銭的に」です。弟はまったく働きません。若い頃からAさんの収入をあてにして生活をし、Aさんもかわいい弟のためと思って、数十年間、生活費を渡し続けてきたのです。Aさんは自身が結婚してからも、夫が理解ある人だったこともあり、弟への生活援助を続けました。

ところが、Aさんの夫が会社を定年退職することになり、Aさん夫婦の収入が激減することになったのです。ささやかながら年金もあるとのことで、Aさん夫婦が暮らす分に関してはなんとかなりそうなものの、弟の生活費を払い続けることが大きな負担となってのしかかってきてしまったのです。Aさんは悩みました。弟への生活援助をやめれば、弟は路頭に迷うことになるかもしれない。しかし、このままでは自分たち夫婦の生活も苦しくなる一方。そんな悩みを私に打ち明けてくれたのです。

私のアドバイスはこうです。

「あなたの人生はあなたのもの。弟さんの人生は弟さんのもの。弟さんの人生をあなたが背負い込む義務はありませんよ」

「でも、背負い込む自由もあなたにはあります。ただし、強い覚悟が必要です。弟さんのすべてを引き受ける覚悟はありますか。旦那さんも道連れに、弟さんと路頭に迷う覚悟はありますか」

Aさんは何日も考えたようです。旦那さんともよくよく相談したのでしょう。そして、しばらくして私のところに報告に来てくれました。

「弟とは縁を切りました」

かなり思い切った決断だったことでしょう。Aさんは「私の人生は私のもの、弟の人生は弟のものと考えることができるようになりました」と言います。

絶縁した弟さんが今どうしているかはわからないとのことですが、さすがに何かあれば連絡が入るでしょうから、おそらくご自身でお仕事を探して生活されているのだろうと思います。自立できたとすれば、弟さんにとってもいいことですし、もちろんAさん夫婦にとってもいいことです。

Aさんが「弟の面倒は姉である自分が見なければならない」という思い込みを断捨離したことで、お互いにとってより良い人生になったものと信じています。

~空海的生き方からの提言~

「最澄との人間関係を断った空海の断捨離」

空海は断捨離をしたのか

本書は空海と断捨離について述べた本ですが、そもそも空海は断捨離をしたのでしょうか。空海はお坊さんですから、そもそも手元には必要最小限のモノしかなく、喜捨とか布施といった、人々からの寄進や朝廷からの支援によって生活していたことでしょう。

これは空海に限らず、当時のお坊さんはそうだったに違いありませんし、現代のお坊さんでも、基本的には同じはずです。現実的には布教にはお金もかかりますし、弟子の生活の面倒も見なければならないので、別に仕事を持っている人もいますが、それは悪いことでもなんでもないと思います。

もともと必要最小限のモノしかない状態では、断捨離の必要もなかったでしょう。断捨離というのは、大量生産大量消費の現代ならではは概念なのかもしれません。

ただ、断捨離はモノを手放すことだけに留まるものではないことは、すでにやましたひでこさんが語ってこられたとおりです。特に、人間関係の取捨選択も断捨離によって可能になるという点に驚きを感じた人も少なくないことでしょう。

昔はともかく、「今」の「私」にとって、必要な関係か、適切な関係か、快適な関係かが判断基準となるとのこと。もし今の私にとって、不要であり、不適であり、不快な関係ならば、たとえ家族であってもその人間関係を断捨離することもあり得るというのが、前項でやましたひでこさんが紹介されたAさんの例でした。

さて、空海も人間関係の断捨離を決意した局面が何度かありました。「空海の生涯」の章でも見たように、本来であれば、空海はエリート官僚となって、一族ともども彼が養っていくことになったはずです。しかし、空海は「私の人生は家族や一族のものではなく、私自身のものだ」と考えたに違いありません。家族、一族との人間関係を断捨離して、仏門に入ったのです。

また、空海は、あるとき、最澄との人間関係も断捨離してしまいます。現代では、日本密教の二大始祖ともいうべき空海と最澄。最澄の方が年長であり、僧としての位も上だったからか、空海は最澄に対してかなり丁寧に接していました。

しかし、最澄が『理趣釈経』を貸してほしいと頼んできたことに対して、「いったいどの理趣のことをおっしゃっているのか」「理趣は書物では学べません」といった断りの手紙をしたためて、『理趣釈経』の貸与を拒みます。理由がどうであろうと、最澄の申し出を断ることは最澄との人間関係をも断つことを意味します。

空海ももちろんそのことはわかっていたでしょう。それでも最澄との人間関係を断つという決断をしたのは、過去はともかく、「今」の「自分」にとって、最澄は「要・適・快」ではなくなっていたと判断したからに違いありません。

つまり、ここでも空海は人間関係の断捨離を断行したと言えるのです。

おわりに（永田良一）

・時間のクリエーター

やましたひでこさんは、断捨離の達人は空間のクリエーターだと言われます。自分の部屋をしっかりとマネージできる方だからでしょう。

私は、断捨離の考え方を取り入れて、時間軸のマネージをしています。一日の時間は、今も昔も、未来も皆平等に24時間が与えられています。そのような中で、新たな資格を取りたい、習い事をしたい、英語を勉強したいなど、何か新たにやりたいことが出てきたら、どうしたら可能か迷いませんか。

結局、これまでやってきた何かをする時間を短く圧縮するか、あるいは何かを止めるか、いずれかの選択となります。しかしながら、これまで長らくやってきたことをさらに短くできるかと言うと、それはなかなか難しいものです。そうなると、何かを止める選択しかありません。すなわち、日常的に行ってきた何らかの習慣を断捨離することで、新たなことをやる時間を作れます。これが時間のクリエーターとなるのです。

不思議なもので、長らく行っていた日常的な行動も2週間くらい止めていると、それが次第に当たり前になってきます。代わりに、新たな行動を組入れると、それが習慣となって根付いてきます。時間軸を中心に断捨離ができるのです。

新たな行動を組入れるのは、非常にハードルが高いものです。本当にやりたい、あるいはやらなければならない、すべきこと、という範疇にあり、そこに高いモチベーションが必要とされるからです。ところが、何かを断捨離することで、このハードルを下げることができます。私は、このようにして、大学院の勉強、資格の勉強、英語の勉強を積み上げてきました。

最近は、朝のニュースを見る時間をなくして、英語の教材を聞きながら柔軟運動や腹筋などのエクセサイズをして身体を鍛えています。朝のニュースを断捨離することができたのは、隙間時間を使ってiPhoneでこまめにニュースを見るようにしたためです。大事な出来事は、複数のマスコミが報道するので実際に不自由を感じません。一方、エクセサイズは始めるまではかなりハードルが高かったですが、朝、時間を作ることができたので、今では習慣になっています。

新たな行動を始めるには、根性論よりも、現実的に実行可能な環境を作る方が現実的です。そうすると、ハードルを下げることができて、なかなかできなかったことを始めることができます。まずは、2週間、何かを止めて、やりたいことをやってみる、それが「時間のクリエーター」の第1段階だと思います。

謝辞

本書作成にあたり、空海に関する記述について、高野山清涼院住職静慈圓先生および高野山大学前学長藤田光寛先生にご指導を頂きました。心から感謝いたします。

永田良一

空海著作一覧

『秘蔵宝鑰《ひぞうほうやく》』

「十住心論《じゅうじゅうしんろん》」と一緒に出された「十住心論」を要略した本で全3巻からなる。空海の晩年に著され、「十住心論」と並んで空海の主著とされる。

『性霊集《しょうりょうしゅう》』

正式名称は「遍照発揮性霊集《へんじょうほっきしょうりょうしゅう》」。空海の詩や表啓・願文などを弟子の真清《しんぜい》がまとめたもので全10巻の構成。編纂当初の8巻から10巻は早くに失われ、その後半3巻は後年に空海の遺文を集めた「続遍照発揮性霊集補闕鈔」で補われている。空海の根本精神を見ることができる。

『十住心論《じゅうじゅうしんろん》』

正式名称は「秘密曼荼羅《ひみつまんだら》十住心論」。天皇の勅命に応えて献上された真言密教の体系を著した書。全10巻からなる。人間の心を第一住心（倫理以前の本能的段階）から第十住心（究極の悟り）までの10段階に分け、それぞれに儒教、老荘思想、小乗仏教、大乗仏教など当時の代表的な思想を配置することによって体系的に見せている。10段階目では、心は大日如来とひとつになって真理に到達するが、それこそが真言密教の境地であるとしている。

『教王経開題《きょうおうきょうかいだい》』

「教王経」の解説書。真言宗の根本経典である「金剛頂経」のはじまりとして重要視されている。

『秘蔵記《ひぞうき》』

師である恵果和上の説を空海が書き留めたもの。

『三教指帰《さんごうしいき》』

空海24歳のときの著作で、いわば出家宣言の書。儒教、仏教、道教について登場人物が比較論議するという戯曲的構成をとっていて、仏教がもっとも優れていると説く。

『即身成仏義《そくしんじょうぶつぎ》』

空海の思想の中核である即身成仏思想を啓蒙的に説いたもの。原理・実践・心理面から即身成仏の可能性を明らかにしている。

『般若心経秘鍵《はんにゃしんぎょうひけん》』

「般若心経」の注釈書。「般若心経」を「大般若経」600巻の要約とする以前の見方を批判し、般若心経は密教思想を開顕したものであり、大般若菩薩の心中を説いた密教の経典であると断じている。

『一切経開題《いっさいきょうかいだい》』

「一切経」の解説書。「一切経」とは仏典の総称。「大蔵経」ともいう。

『理趣経開題《りしゅきょうかいだい》』

「理趣経」の解説書。理趣経は密教の根本経典「金剛頂経」系テキストの中でも読誦の功徳を説いた経典。本尊への読経、仏事、法会の際などに唱えられる真言宗の常用経典となっている。

『御請来目録《ごしょうらいもくろく》』

遣唐使として入唐した空海が帰国後に朝廷に提出した目録。多数の経典類（新訳の経論など216部461巻）以外にも、曼荼羅や密教法具、恵果阿闍梨からの授かりものなど、膨大なものが記されている。

『高野雑筆集《こうやざっぴつしゅう》』

空海の書簡などを集めたもの。空海の事績や思想についての研究では「性霊集」と共に資料として重要視される。全2巻で「性霊集」と重複するものも含まれる。

『恵果和上之碑文《けいかわじょうのひぶん》』

密教を授けてくれた師である恵果和上への追悼文。留学先の唐で記した。密教を求めてやってきた求道の旅を「虚しく往きて、実みて帰る」と記し、師と出会った感謝の気持ちを表現している。

心《こころ》を洗《あら》う　断捨離《だんしゃり》と空海《くうかい》

2018年 3月10日　初版発行
2018年11月11日　第3刷発行

著者　やましたひでこ
永田良一《ながたりょういち》

発行者　磐﨑文彰

発行所　株式会社かざひの文庫
〒110-0002 東京都台東区上野桜木 2-16-21
電話 / FAX 03(6322)3231
e-mail : company@kazahinobunko.com
http://www.kazahinobunko.com

発売元　太陽出版
〒113-0033 東京都文京区本郷 4-1-14
電話 03(3814)0471　FAX 03(3814)2366
e-mail : info@taiyoshuppan.net
http://www.taiyoshuppan.net

印刷・製本　シナノパブリッシングプレス
装丁　General in Tokyo
写真　永田良一
DTP　宮島和幸（ケイエム・ファクトリー）

ISBN978-4-88469-903-1